中國考古大現場

是歷史、是科學，還會碰上尋寶盜墓。
15個大現場、400張圖片，
多少正史認為和傳說以為，因此更正。

黃大路——著
中國知名考古學家、央視科技頻道編導

大是文化

CONTENTS

推薦序

那些年，他們一起考過的古

國立清華大學生命科學系副教授／黃貞祥

讀這本《中國考古大現場》的體驗很有趣，這不單單是本滿腹經綸的好書，還彷彿像是位衣衫襤褸的大叔，風塵僕僕的從風沙滾滾的田野回來，還未盥洗乾淨，就先切了兩斤熟牛肉、燙了一壺好酒，然後就開始用市井小民都能聽懂的大白話，講解他在考古現場的各種奇聞軼事，以及剛重見天日的稀世珍寶，還有他對考古工作的滿腔熱忱。

這本好書，讓我們有如親臨了十五個考古遺址，見證考古學家從一個又一個考古挖掘中，還原出古人的生活和風采。重要的是，這些文物並非是整整齊齊的擺在博物館中供人瞻仰而已，而是在這本書的作者——中國中央電視臺考古類電視節目編導、中國社會科學院考古所研究員黃大路先生的口中活靈活現：從有人意外發現地下的文化資產，或者被盜墓者所迫而奔波大江南北，讓一個個牛脾氣的考古學家廢寢忘食、小心翼翼的挖掘、清理、保護貴重的文物。

黃大路先生也不忘同時暢談他對考古學、考古學家以及公共考古學的各種真知灼見。雖然這本書只有述說發生在十五個中國考古遺址的故事，但是考古學家獨特的氣質和個性，求真求是精神的執著，在古今中外的各大考古現場，肯定是貫徹始終的。

黃大路先生說考古人要耐得住寂寞，這寂寞應該還不只是在人跡罕至的田野中辛勤工作的寂寞，也包括他們在整個社會大眾中，以及考古遺址的鄰里鄉民的不解和誤解所產生的寂寞。我們能夠在博物館、歷史書籍中一窺古文明的種種，都要拜他們的擇善固執和堅持不懈所賜！

從這些近年出土的文物中，我們也一再清晰可見，在受教育時期的許多歷史教科書內容，其實是該被出土文物還原的歷史現場給改寫的！這些考古發現，是否意味著，我們從來就不該盲目相信歷史教科書的內容，而需要一再思考那些內容是否只是學術界暫時的主流認知。至於學者又是怎麼得出那些結論的，是不是還有什麼原本大家信以為真的歷史事件，其實本身就是個待解的謎團？

從這本書中，我們也能看到華夏文明，是極為兼容並蓄的，不是中原的漢族一家獨大的——遠古的北方一望無際的草原和沙漠，以及南方的水鄉澤國和石窟洞穴，也同樣出土了超過五千年古老的文物。顯然，長城以北游牧民族的金戈鐵馬，以及長江以南蠻荒地區的富饒物產，都一同滋養了整個中華文明！

序言
不是尋寶，而是重拾文明的記憶

據我觀察，每個行業的從業者都會因職業性質養成特有的性格，考古這行也不例外。有媒體朋友對我發表感慨：「考古人不好相處。」並為考古人歸納出好幾條具體表現，第一個表現是：認真起來不顧及外人顏面。這一條，我承認確實是這樣。

二〇一五年，江西海昏侯墓的挖掘工作到了緊鑼密鼓階段，因為出土的陪葬器物太多、太亮眼，聞訊而來的新聞媒體足有幾十家，應對媒體，國家文物局專家組組長自然成了最忙碌的人。一天，因為有事，我遲了一些到考古工地，在大墓的墓口處，見專家組組長漲紅了老臉正在訓斥一位三十多歲的女記者，而女記者淚流滿面。我連忙上前，勸開他們。

女記者離開後，我問專家組組長：「你這是做啥呀？」老人家義憤填膺，「說是採訪，其實就是胡說八道！我跟她說，看完新聞稿再來採訪我，她不聽，沒完沒了，我就急了。」這事說來不能怪專家組組長，不過，這位老人家的脾氣也是急躁。這就是考古人，一旦發飆，誰的帳也不會買。

還有一件事，很多人拿著當地主管批示的紙條隨意出入考古工地，考古工地哪有想進就進的道理？還是這位組長，坐鎮墓口，老臉一抹，與挖掘無關者，一律不許進，管你拿的是誰寫的紙條。此舉當真得罪了很多人，但確保了文物的安全和挖掘秩序。

媒體人歸結出來考古人不好相處的第二個表現是：一些考古人回答問題時常常搪塞了事。這一條，我得為考古人打抱不平。說實話，很多考古人是因為「一朝被蛇咬」，才對媒體有了芥蒂。這麼說吧，**挖掘現場，挖出了什麼東西才能說什麼話**，一**就是**一，二**就是**二，**絕不可舉一反三、憑空臆造**，但一些媒體為了提高關注度，常會看見個杆子就往上爬，以致爬到了連考古人被蒙得雲裡霧裡的境地，關注度是上去了，可是違反了科學，造成的負面影響常會牽連到考古人。

當然，反過來說，可以造勢，但抓住一點就浮想聯翩、無限放大可不行，對考古人來說這就是大是大非的事了。如此說來，一些考古人在接受採訪時，施展搪塞之術著實不足為怪。

關於考古人不好相處的第三個表現是：總是拿不準考古人在想什麼。這一條我還是要做些解釋，和所有的學科一樣，在工作現場，考古人想得最多的當然是工作。有考古人這樣概括，考古既費體力又費腦力。體力，挖土掄杴[1]，出了文化層[2]以後細細的刮，在遺址裡蹲上數月是常有的事；腦力呢？一邊刮地層，一邊琢磨，因為**考古挖掘是**

不可逆的，一旦出現誤差，就無法挽回。因此，考古人常處於高度緊張狀態，這時卻也是媒體急於了解報導的時候，媒體人向滿腦子都在思考的考古人提問，考古人不可能如實回答，待考古人停下手來思索過後，你再發問，通常會得到滿意的答覆。

考古人的特質——很軸、吃苦、天然

那麼考古人究竟是怎樣的人？上面三條是媒體的評價，接下來，藉這本書，說說我自己的感受，索性，我也來個三條。第一條：**考古人很軸**[3]。本書第五章〈紅山文化遺址〉（見第一二五頁），為了確認玉龍的出處，考古人員奔波了整整兩年，費盡周折找到了撿到玉龍的當事人的家，可惜當事人已經去世。當事人的兒子說，他家離撿到玉龍的地方趕著驢車、抽一袋菸就到了。為了找到玉龍出土的確切地點，考古人員當真借來驢車和菸袋，驗證了一次。考古人的舉動，在外人看來的確固執，究其原因，就是那句

1 音同先，一種農具。似鍬，前端方闊。
2 考古術語，指在古代遺址中，因為人類活動而遺留下的遺物、遺跡和其他事物形成的堆積層。
3 形容人固執、死腦筋。

老話：不知道過去，就不知道當下。

探究歷史，若是你的結論出了差錯，以錯誤的研究結論審視當下，那不全亂了？所以考古最是含糊不得。

再比如，本書第三章〈興隆窪聚落遺址〉（見第五十七頁）一文，考古人員在勘察紅山文化聚落遺址時採集到了幾十塊陶片，回到駐地，一拼對，是一尊陶人。陶人會是什麼年代的遺物？倘若以採集到的陶片地點來看，屬紅山文化範圍，故以此為陶人做出文化屬性判斷，本是無可厚非，但考古人員偏偏再一次來到陶片出土的地方，開了一個十乘以十平方公尺的探方[4]，挖掘的結果，手鏟下露出了一處房屋的地基，房屋地基範圍內找到了陶人的前額和左臂缺失的部分，以及一些顯現著典型紅山文化特質的陶片，再有就是，房屋地基中有一個灶膛[5]遺址。考古人員採集灶膛中的炭灰，做年代測定，測定的結果，房屋地基屬於五千至五千五百年前的遺跡，就此，陶人才被確定為是紅山文化遺物。考古人軸，因工作使然。

考古人究竟是什麼樣的人的第二條總結：**特別能吃苦**。考古的苦有兩層意思：其一，體力上的苦；其二，精神上的苦。考古工地現場，挖土的工作一般是僱用當地工人來做，見到文化層以後，考古人再親自上手。臉朝黃土背朝天，在坑裡蹲上個把月是家常便飯。

本書第十二章〈悅龍台漢墓〉（見第二五一頁）一文中講到一位四十多歲的考古隊

隊長，整日裡風吹雨打日頭晒，臉上寫滿了滄桑，回北京搭公車時，居然有年輕人主動讓位給他！為此，他問我：「我看起來有那麼老？」我說：「我們工地上這些大三的學生，在挖掘現場待上個把月，個個像不惑之年[6]似的。」

考古人精神上的苦多是寂寞，當下已經好很多，幾乎所有考古工地都有網路訊號，能用手機，下了工，忙完手頭的事，可以捧著手機，各取所需。三、四十年前可沒這等福分，別說手機了，連報紙都是遲到了不知道多少天才能到我們手上。一到晚上，想家、想孩子、想老婆了，幾個考古人圍在一起，點根蠟燭，弄瓶老酒，就著惦念，三杯下肚，蒙頭睡去，第二天，幹勁依然。

即便是在當下，**幹考古的也得扛得住寂寞**，很多挖掘工地是在人跡罕至的荒野。考古人將去挖掘現場叫做「下田野」，何謂「下田野」？說白了，就是遠離妻兒，吃住在工地，耗上數月半載，已然常事。

關於考古人究竟是些什麼樣的人？我要說的第三條：**天然**。常年待在田野，身邊是

4 代號為T，為田野考古挖掘的一種基本挖掘單位，將挖掘區分割為若干相等的方格，以此為單位分工挖掘，這些方格即探方。
5 灶內燒火的地方。
6 四十歲。

純淨的大自然，時間久了，任何人都會返璞歸真。至於說工作狀態，眼前是靜臥的祖先或者祖先的遺留，與祖先對話，絕對動不得心機，一就是一，二就是二，就此，註定了考古人的純真，也就是天然。

本書屬「與古人對話」範疇，寫了這麼多關於考古人，從裡到外的行為概括，幹麼要這樣？我以為，不了解考古人，就不可能了解考古，就不可能與古人對起話來。

至於說考古是怎麼回事？我想起了北京大學李伯謙教授的一段話：「考古當然有辛苦的一面，但你在這個過程中既能看到自然風光，也能看到人文之美，更重要的是能夠與古人對話，為修國史貢獻力量，其實，只要真心喜歡考古，完全可以獲得遊山玩水的樂趣。」

第一章

敖倫蘇木城遺址

蒙古帝國的後勤補給中心

過黃河，跨陰山，草原盡現。從內蒙古自治區草原深處的達茂旗[1]往北三十八公里，人跡罕至，斷壁殘垣，猶如鬼域，在一個個猶如墳墓般的廢墟下，隱藏著教堂、佛塔、宮殿……這就是曾經的敖倫蘇木（蒙古語，意為「多廟之城」），曾經，世界因它而顫慄。

風是草原上的永恆，被風雕琢的殘牆、廢墟兀立在人跡罕至的草原深處，遠遠看去，鬼斧神工，這就是現實中的敖倫蘇木城。敖倫蘇木城遺址呈長方形狀，東西長、南北寬。南牆長九百五十公尺、北牆長九百六十公尺，東牆長五百六十公尺、西牆長五百八十公尺，城牆遺跡清晰可見。早年古城遺址內，地表遺跡非常豐富，石碑、基石、柱礎（柱珠）、石條、石板、陶瓷殘片比比皆是。

一九二七年初，瑞典探險家斯文・赫定（Seven Hedin，見圖1-1）的第四次中國西北科學考察（簡稱科考）被北洋政府喊停了。喊停的原因既簡單又破天荒——科學考察隊裡必須有中國人。當時，外國人

▲**圖 1-1**　斯文・赫定，瑞典探險家、地理學家、地形學家、攝影家。他從 16 歲開始從事探險，數次深入亞洲腹地進行探險考察。

在中國科考都是暢通無阻，而科考獲得的結果，中國人沒資格問津。

晚清時期，因為國力孱弱，外國人在中國科考甚至無須徵得清政府的同意，或者僅僅是走個形式，向清政府打聲招呼。但此時，當上了北洋政府掌門人的張作霖遏制了外國人，叫停了斯文·赫定的科考計畫。

民國時期，迫於民怨，張作霖決定不再因循前例，斯文·赫定第四次西北科考成了中國人伸張主權的嘗試。經過六個多月的周旋，斯文·赫定終於放下洋人的架子，被迫接受了北洋政府開出的條件。也正因為有了中國人的參與，消失八百多年的敖倫蘇木回歸了。

我們可以說，敢和外國人叫陣的**張作霖，開創了中國歷史上的先例——外國科考隊裡必須有中國人**。於是，時年三十四歲的黃文弼（見圖1-2）出現在斯文·赫定的聯合科考隊中。一九二七年五月九日科考隊自京城出發，一路上洋

▲**圖 1-2**　黃文弼，湖北漢川人，考古學家、西北史地學家。

1　達爾罕茂明安聯合旗的簡稱，是內蒙古自治區包頭市下轄的一個旗。

▲圖 1-3　百靈廟，藏傳佛教寺廟，舊時達茂的地標性建築。

人開了眼，記錄了很多民俗特徵。當時清政府雖滅亡，但很多百姓移風不易俗，頭上仍舊拖著長辮子。

當科考隊來到陰山北邊、草原深處，他們發現了一座具有地標性的建築——百靈廟（見圖1-3）。這種地方為什麼會有如此恢宏的廟宇？聯合科考隊中的中方科考隊員黃文弼推測，大廟不可能是孤立的，他有種預感，科考的頭一站，也就是達茂旗的草原深處，或許會有大發現。

事情的發展當真如黃文弼所料，無意間，聯合科考隊走進了一座古城，斷壁殘垣，步入其間，黃文弼感受到的是莫名的衝動。

就在黃文弼踏尋時，傳來了一個令所有人都震驚的消息，聯合科考隊裡另一位叫丁道衡的中方科考隊員，在距離百靈鎮東北八十公里的山地草原裡，發現了一個大鐵礦。

一九二七年六月六日，離開京城快一個月了。攤在黃文弼眼前的是偌大、荒蕪、淒涼的殘城。雜草搖曳、瓦礫遍地、高臺兀立。嚮導說，當地人管這兒叫鬼城，因為無論白天還是黑夜，不管從哪往裡看，都像有鬼魅飄忽。

史料記載，成吉思汗初成霸業時，曾聯合汪古部，在西部草原修建一座叫做敖倫蘇木的城，成吉思汗為什麼要在草原深處修築敖倫蘇木？這就有必要說一下達茂旗原本的部族。

一千多年前，有個叫做汪古的部落自西邊遷徙到達茂旗，史稱白韃靼，定居於陰山的北邊。汪古部被金朝委以重任——駐防金界壕[2]，抵禦日漸強大、覬覦著中原的蒙古部族。

那麼被嚮導稱作鬼城的地方，會不會是史料記載中的敖倫蘇木？黃文弼認為有可能。為了印證推測，他決定由外及內尋找證據。有如神助，幾天後，黃文弼在草原上發

2 又稱金長城、兀朮長城，從西元一一二三年開始修建，直到一一九八年前後才最終成形，是規模宏大的古代軍事防禦工程。金界壕遺址於二〇〇一年六月二十五日被中國列入第五批全國重點文物保護單位。

現了一道有人工開挖痕跡且望不到邊的界壕。經過考證，黃文弼認定，這就是金末元初汪古部駐防的金界壕。

比兩個蒙古包的直徑加起來還寬的界壕，當初的深度在兩公尺以上，這麼寬、如此深，阻擋騎兵沒問題。因為金界壕，蒙古鐵騎奈何不了汪古部，對金朝也難以形成戰略上的優勢。

那麼，蒙古大軍後來是怎麼越過金界壕？史書記載，為防禦蒙古部族，金界壕建於金末，史書上還說，金界壕廢棄於元初。既然眼前的塹壕就是金界壕，那麼，敖倫蘇木應該就在附近。**金界壕為金所建，廢棄於元初**，這道塹壕如同魚骨，曾經橫亙於成吉思汗的咽喉，金界壕**不但壓縮了蒙古部族的戰略空間，而且阻礙了蒙古部族向西、向南的擴展。**

▲**圖 1-4**　金界壕，蜿蜒曲折，貫穿達茂全境。

古城邊有一條河，名為艾不花河。「不花」是汪古部對首領的謚稱，艾不花河的意思是王者之河，古城依王者之河而建，可以肯定的是，古城的身分絕非一般。黃文弼找到的古城，看到的城邊河流，實際上已經觸及了重大發現的界點。憑著豐富的考古經驗，和對散落在地的遺物鑑別，黃文弼認定，眼前的古城至少被荒棄了數百年。這座古城有可能就是敖倫蘇木，黃文弼將這一發現公之於眾。

黃文弼的發現引起了世界學術界的關注，令人遺憾的是，因為聯合科考隊要繼續西行，黃文弼只得放棄對古城的深入探究，而這之後，因為各種原因，黃文弼沒有再次駐足古城的機會，這成了他畢生的遺憾。

一九八〇年代初，另一位考古學家蓋山林（見圖1-5）為了尋找古代岩畫，常年爬陰山、踏草原。在這之前，國際學術界認定中國無岩畫，但不信邪的蓋山林斷定，中國歷史悠久，幅員遼闊，怎麼可能沒有岩畫！很久以前，達茂旗境內的陰山經考古認定有遠古人類生存的痕跡，於是，蓋山林將陰山當作尋找岩畫的突破點，孤身一人，數年踏尋，

▲**圖 1-5**　蓋山林，著名考古學家，探索、研究中國古代岩畫第一人。

可惜一無所獲。

就在蓋山林準備放棄時，一天，他在一戶牧民[3]家借宿。夜晚，蓋山林睡在牧民家的土炕[4]上，與牧民閒聊，牧民問：「你整日在山裡閒逛是在找啥？」蓋山林說：「找刻在岩石上的畫。」牧民說房子後面的山上就有。隔天，牧民帶著蓋山林登上一座裸露著岩石的小山。踏破鐵鞋無覓處，得來全不費工夫，蓋山林果然在一座岩石山上看到了古代岩畫，初次發現像是一層窗戶紙捅破[5]，接下來，新的發現接踵而至。

因為在達茂旗境內的陰山上發現了岩畫（見左頁圖1-6），中國無岩畫的學術謬誤得到了更正。實際上，中國不但有岩畫，而且堪稱岩畫的「富礦」。跟隨蓋山林的腳步，大江南北，西域嶺南，學者們相繼發現了難以計數、內容豐富的岩畫，這件事說起來簡直不可思議。在沒有摘掉無岩畫帽子之前，岩畫像是接到了統一指令全都藏起來，可是經蓋山林將蓋子一揭，井噴似的蜂擁而至了。

探查過岩畫，蓋山林馬不停蹄的走進古城，即先輩學者黃文弼發現的那座古城，為了完成黃文弼未完成的事業，揭祕古城的神祕面紗，蓋山林決定從調查古城周邊的歷史地貌和古代遺址入手。

古城中有怪石突兀，似天兵列陣。身處其間，即便是在白天，也會令人不寒而慄。調查發現，這裡有古時採石的印記，而且距離古城遺址不遠，也就是說，當初修建古城時，採石很便利。

3 以畜牧為生的人。
4 中國北方人以土為床，床下通火氣而取暖。
5 比喻把話挑明或把事情説明白。

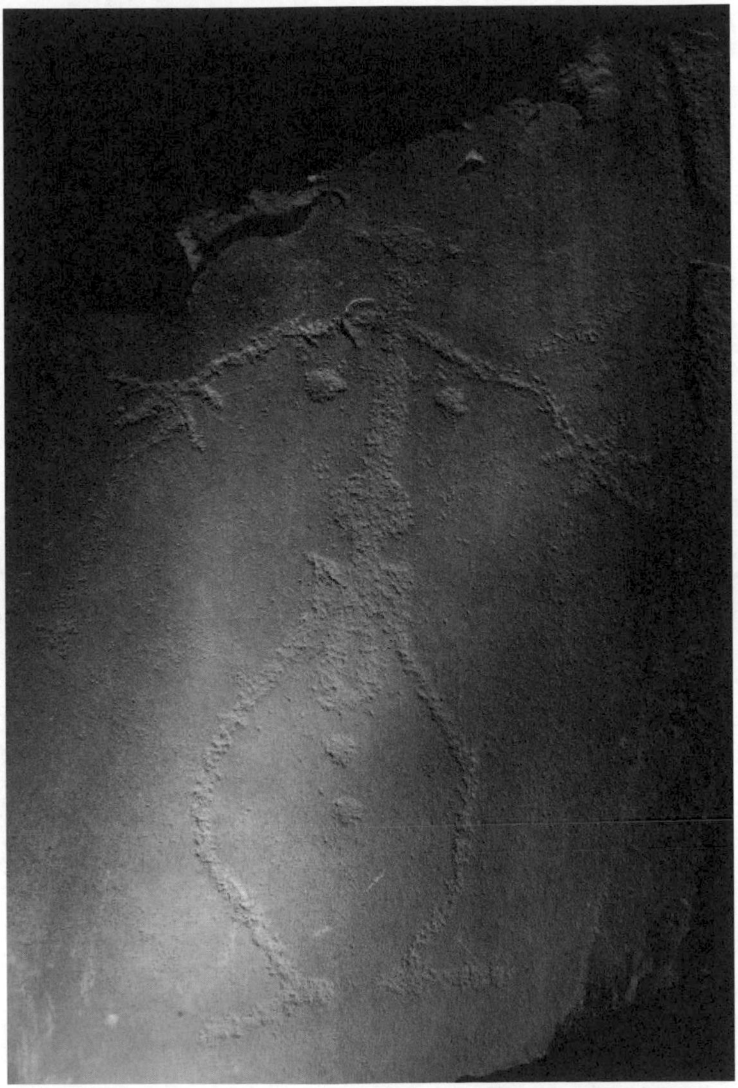

▲**圖 1-6**　從刻畫手法和內容看，陰山岩畫涵蓋了舊石器時代、新石器時代、青銅時代、鐵器時代，時間跨度在萬年以上，陰山可以説是記錄古人所見、所想的大畫布。

古城內外，多見大型石碾和石臼（見左頁圖1-7）。這種由牛牽引的大石碾，工作一天，碾壓好的草料足夠數百匹戰馬吃上數週。考古發現，達茂旗草原曾經水草豐茂、水量充潤，但是，因為超負荷農耕和放牧，草原退化、土地漸貧、河水斷流。

在出土的這塊墓碑上（見第二十八頁圖1-8），透過三種文字，考古人員了解到墓主人叫阿兀剌編帖木剌思，是汪古部人，生前的官職是京兆府達魯花赤[6]。墓碑頂部是一個十字蓮花，在十字的兩側分別刻有月亮和太陽。考古人員在另一處元代貴族墓地出土的墓頂石上，也發現了十字蓮花（見第二十八頁圖1-9），兩側刻畫的是唐代以來，在中國最為流行的纏枝花紋，脊梁上刻著一行古敘利亞文，基本表達了三個意思：個人的職稱、名字、職務。既有西方傳來的景教，又有中原盛極一時的纏枝花紋，這與蒙古族善接納、善融合的史料記載是一致的。

探究草原深處為什麼會有元代貴族墓葬，有必要先說說，金界壕為什麼防不住蒙古騎兵這件事。史料記載，成吉思汗曾將敖倫蘇木的汪古首領奉作「安達忽答」，也就是「兄弟加親家」，他將女兒阿剌海別吉嫁給了汪古部的首領。汪蒙成了親家，為親家大開方便之門，理所應當。沒有這次聯手，蒙古大軍就不可能在短時間內滅金並且西征，汪蒙聯手是一個波及世界格局的大事。他們聯手以後，汪古部的軍隊被編進了蒙古大軍，與蒙古大軍一起征討世界，汪古部的騎兵是蒙古大軍中一支強力戰團，原本為金駐守達茂旗的汪古部成了黃金家族[7]的一員。

▲**圖 1-7**　大型石碾、石臼，用作碾壓草料，這樣的草料加工工具在古城內外多有存留。

6 達魯花赤：蒙古語，意為「掌印者」，由成吉思汗設立，歷史上的一種職官稱謂。

7 從廣義的範圍來說，只要是血統純潔且出身名門的蒙古人，都可以被稱為「黃金家族」。但從狹義範圍來說，只有成吉思汗四個兒子：朮赤、察合台、窩闊台和拖雷的直系後代才可被稱為「黃金家族」。

▲**圖 1-8**　這塊墓碑的碑文是用漢、蒙、敘利亞三種文字寫成。死者的名字叫阿兀剌編帖木郯思，是汪古部人，生前的官職是京兆府達魯花赤。墓碑頂部是一個十字蓮花，在十字的兩側分別刻有月亮和太陽。

▲**圖 1-9**　元代貴族墓地出土的墓頂石。前端刻有十字蓮花，兩側刻畫的是唐代以來在中國最為流行的纏枝花紋，脊梁上刻著一行古敘利亞文，大意為：個人的職稱、名字、職務。

達茂旗的汪古部首領成了黃金家族成員，不過，這座古城會是史書記載的汪蒙聯姻以後修建的敖倫蘇木嗎？為了驗證眼前的古城到底是不是敖倫蘇木，考古人員在對古城之外做了充分的考古調查，掌握了大量實物資料後，蓋山林決定深入古城仔細調查：第一，既然敖倫蘇木的蒙古語意思是「多廟之城」，那麼古城址裡有沒有古廟遺跡？第二，敖倫蘇木地處多種文化的集合點，古城裡有沒有多種文化集合的展現？

對古城之內的考古調查，除了勘察城內的街道布局、建

▲**圖 1-10**　這墩出土於達茂旗木胡兒索卜爾嘎墓地的石塔頂構件，上面刻著景教的標誌，這一發現與曾經生活在達茂境內，及周邊的汪古部篤信景教的史載相吻合。

築格式、王帳所在、宗教構成，蓋山林急切想要搞清楚古城的主人究竟是誰？到底是不是史書上記載的成吉思汗三女兒阿剌海別吉？

那年秋天，風清雲低，低低的雲眼看就要和草黏在一起了。達茂旗民間有個說法，但凡雲接著地，就會有大事發生。草原深處，一對中年牧民正在挖土打坯，臨近中午，牧民的鐵鏟下露出了一個銅質印章，挖出來，又大又沉。牧民愣了，草原上有誰能用得起這樣的大印？回到家，牧民找來了十里八鄉唯一識文斷字的教書先生，看過大印，見多識廣的教書先生也愣了，他不認識印章上的字，更無法判斷大印的來頭。正因為教書先生看不懂，牧民斷定，大印肯定很值錢，換三、五匹大牲口應該不在

▲**圖 1-11**　從這塊柱礎石的直徑看，它所承托的柱子很粗，粗柱子撐起的屋頂很大，以至於置身草原，離得老遠都能感受到城的壯闊與雄偉。

話下。

牧民挖到大印並非眼前的事，而是六十多年前、一九五八年發生的。牧民將大印拿回家，靜待買家，沒想到，直到一九七六年，將近二十年，還是沒能把大印賣出去。其實，牧民的這件意外所得，是個無價之寶，別說三、五匹大牲口了，即便是三萬、五萬匹大牲口，也不及大印的身價。

監國理政的草原女王——阿剌海吉別

一九七六年夏天，考古人員在達茂旗草原做文物普查。中午，一行人走進了一戶牧民家歇腳喝奶茶。草原上，不管認識不認識，但凡來者都是客。來者無意，主人有心，牧民覺得眼前這幾個幹考古的，是有意而來，越想越不對勁，沒等考古人員喝完頭碗茶，心虛的牧民便拿出大印。按《中華人民共和國文物保護法》規定，在中國境內出土的所有文物均屬國家所有，牧民手上的大印自然要歸屬國家。

考古人員從印文上看，銅印的主人並非帝王，只是個公主，是個擔任著「監國」的公主。蒙元時期，哪位皇家千金當過「監國」，並把持過出土於達茂旗的大印？

前面我說過，為了籠絡汪古部，成吉思汗將心愛的女兒阿剌海別吉，嫁給了比自己還老的汪古部首領阿剌兀思。迎娶成吉思汗女兒的汪古部何德何能，能得到成吉思汗如此禮遇，竟成為成吉思汗導演這場政治聯姻的主角？

由嫁女牽扯出來的政治聯姻，這在中國早已司空見慣。比方說兩漢兩百多年間，就有十七位漢廷美女被充作公主嫁進了草原。化干戈為「玉肌」，躲避戰患，美女勝過了戰將。

與漢廷皇帝截然不同的是，成吉思汗嫁女並非為了苟安，而在於強化實力。雖說這門婚事在外人看來極不協調，但是，因為嫁女，成吉思汗和原本敵對的汪古部結了盟。成吉思汗將心愛的女兒下嫁給一個外族老頭，在其看來，拋出去的政治籌碼，值得。

在汪蒙聯姻之前，成吉思汗就已經完成了對東部草原的統一，而居於達茂旗的汪古部，成了阻攔蒙古大軍西進南下的屏障，就在這個時候，天遂人願，發生了一件令成吉思汗都未曾料到的事情。

一二〇四年，汪古部首領阿剌兀思接到一封密函。看過密函，阿剌兀思局促不安了。放在阿剌兀思案頭的密函是金的統治者送來的，金要求他設埋伏，配合金軍攻打成吉思汗。是應和金攻打蒙，還是另做打算？阿剌兀思舉棋不定，實際上，在這封密函到來之前，他對成吉思汗的雄才偉略早已傾慕，時年，腐敗的朝廷已令金失去了往日的強盛，而蒙古大軍在成吉思汗的統領下蒸蒸日上，權衡再三，阿剌兀思做出了關乎汪古，甚至是關乎蒙古命運的抉擇——聯手蒙軍，打擊金軍。

跨過金界壕，蒙古大軍揮師南下，滅了金。從此汪古成了蒙軍的戰略夥伴。其實成吉思汗以及他的繼任者很早就清楚一點：**得汪古者得天下**，於是，才有了前面提到的那場不和諧、但極為奏效的政治聯姻。

常言道：知女莫若父。為什麼成吉思汗要將與自己感情最深的阿剌海別吉遠嫁達茂旗、擔當監國？在於成吉思汗深知阿剌海別吉的能力。根據當地牧民挖出來的大印，印文為「監國公主入（行）宣差河北都總管之印」（見第三十八頁圖），「之印」二字說明此印並非帝王的「印璽」，阿剌海別吉雖為監國，但非國君，她

▲圖 1-12　墓中出土的陪葬物品，用金絲編織的蒙古袍，這證明了墓主人是汪古部的大首領。

只是替自己的父親掌管國事，蒙古帝國真正的掌門人是成吉思汗。

成吉思汗常年帶兵征戰，監國的意思相當於當今留守部長的概念，阿剌海別吉沒有辜負父親的期望，她嫁到達茂旗後，對這裡治理有方，確保了蒙古大軍的戰略咽喉安然無恙。這也是蒙古大軍能橫掃亞歐，一個至關重要的原因所在。

那身為監國公主，阿剌海別吉監的是達茂旗部，還是整個大草原？《蒙韃備錄》中說：「汪古部，其國乃韃主成吉思汗公主必姬權管國事。」必姬就是阿剌海別吉，這段話的意思是，阿剌海別吉全權掌管整個國家的大事，所以阿剌海別吉監的是蒙古帝國的整個版圖。而汪古成就了阿剌海別吉，如果沒有汪古，就沒有阿剌海別吉，但如果沒有阿剌海別吉，也就沒有蒙古的強盛，世界史也會改寫。

歷史上，不少出嫁的公主都肩負著政治重任，阿剌海別吉促進了蒙古帝國霸業的穩定發展，不過，她的婚姻卻歷經坎坷。

阿剌海別吉嫁給阿剌兀思沒過多久，年邁的新郎就撒手人寰了。按照史書上的記載，汪古部的權力過渡充滿了血腥。貴為公主的阿剌海別吉，帶著阿剌兀思年幼的兒子逃離達茂旗，幸好成吉思汗及時掌控了局勢，阿剌海別吉才得以再回達茂旗。

依循蒙古族的婚制，阿剌海別吉再婚，此次的新郎是阿剌兀思的長子，名叫不顏昔班。以年齡看，不顏昔班與阿剌海別吉倒是般配，但是好景不長，不顏昔班死於內亂。再後來，阿剌海別吉與阿剌兀思的侄子再婚，但是，阿剌海別吉還沒來得及與新婚丈夫感受恩愛，這位新郎也死於內亂。第三任丈夫死後，阿剌海別吉第四次結婚，此次再婚的丈夫名叫孛要合，是阿剌兀思與先前的妻子生的兒子。如同第一次婚姻，此番姻緣又是令人悲戚。婚後沒過多久，阿剌海別吉又守寡了，守寡的原因還是內亂。

婚姻的不幸，反倒使阿剌海別吉越來越強悍起來，《蒙韃備錄》中記述：「今領白韃靼國事，日逐看經，有婦女數千人事之。凡征伐斬殺，皆己出。」阿剌海別吉成立了一支由數千名女兵組成的軍隊，為鞏固蒙古帝國的大後方，這支有戰鬥力的部隊發揮了舉足輕重的作用。成吉思汗偉大，阿剌海別吉亦是偉大，那麼，偉大的阿剌海別吉長什麼樣？

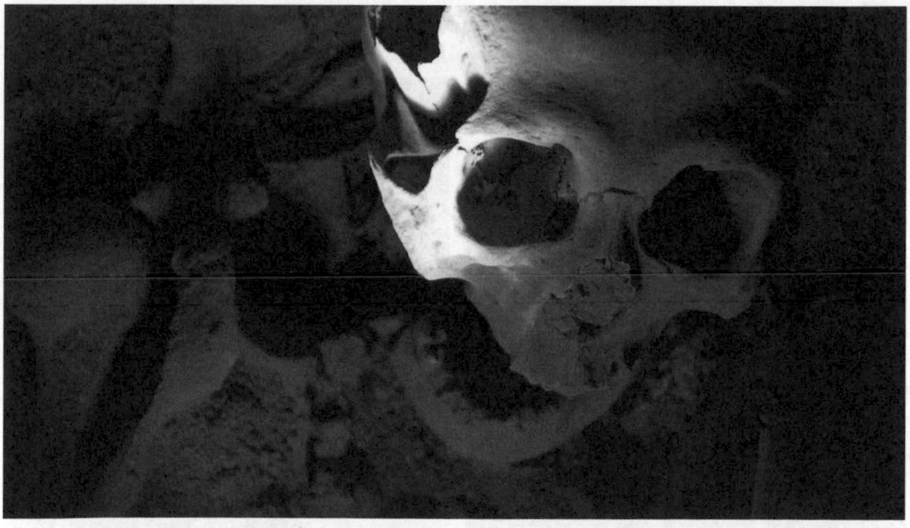

▲**圖 1-13**　這顆頭骨出土於古城不遠的貴族大墓，經考古判定是位女性，阿剌海別吉長什麼樣？考古人員嘗試著復原這顆頭顱的相貌。但結果顯示，這並非阿剌海別吉的頭骨。

根據貴族大墓出土的頭骨，考古人員經過半個月的努力，復原的圖像出來了，但令考古人員失望的是，圖像顯示這是一位只有三十歲的年輕婦女。身為監國，四次婚姻，史料記載，阿剌海別吉卒於五十一歲，這不是阿剌海別吉的面相。汪古被稱為白韃靼，是自西而來的白種人，而考古人員根據貴族遺骸復原出來的人像，顯現著黃種人的特質；還有，透過檢測，考古人員發現，被檢測的樣本生前的營養狀況不錯；而且，從體質上看，被檢測的樣本個體沒有長期從事體力勞動的特徵，所以說，被檢測的樣本應該也是一位遠嫁汪古的蒙古族公主。

阿剌海別吉監的是整個蒙古國，關於這一點，古城表現得出來嗎？前面我提到了敖倫蘇木的蒙古語意思是「多廟之

▲圖 1-14　在調查古城的過程中，考古人員利用地底探測儀探測疑似區域。

▲**圖 1-15**　倒塌的佛塔，掩埋在泥土下面的擦擦[8]和泥塔，這是典型的佛教寺廟器物。

▲**圖 1-16**　景教教堂的典型器物。

8 藏傳佛教中的一種小型脫模泥塑。

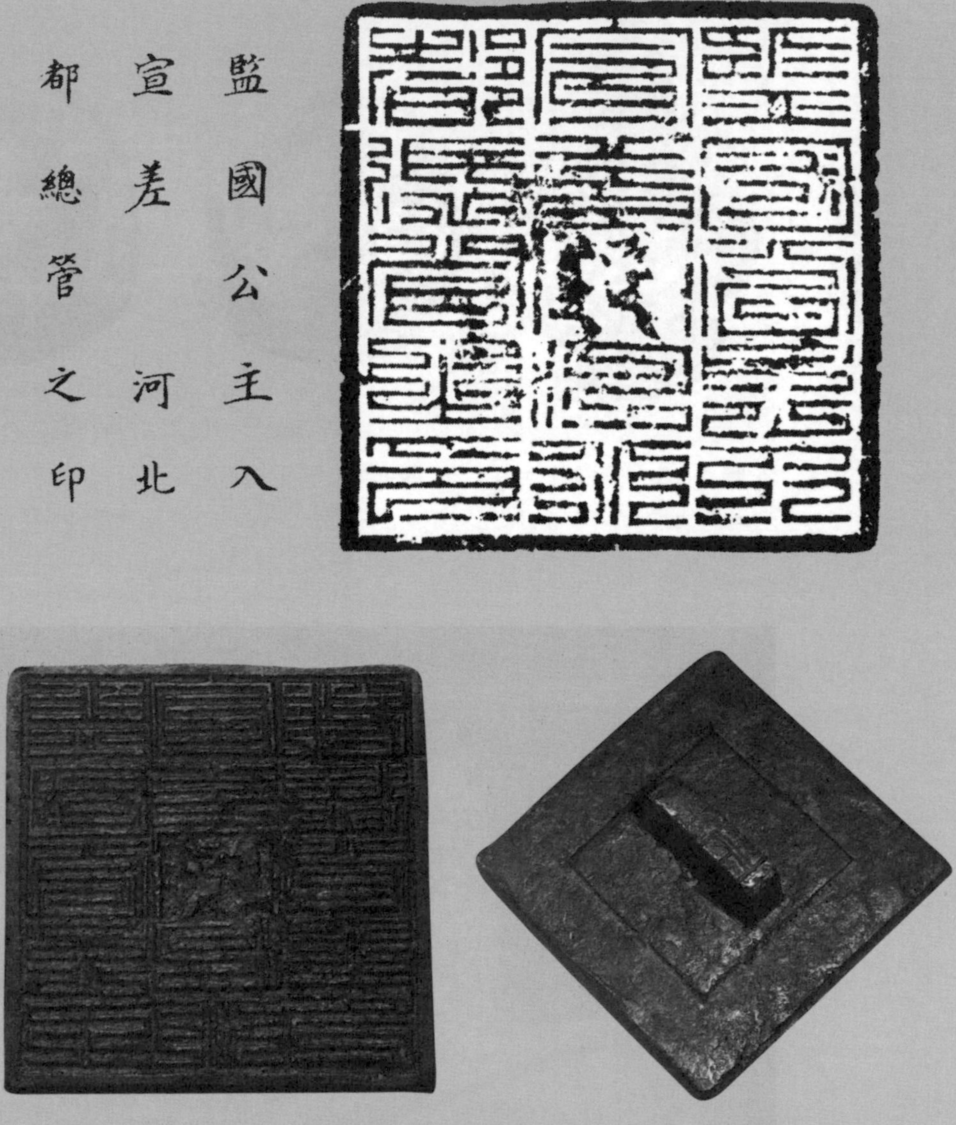

▲圖 1-17　阿剌海別吉的銅印。

城」。考古發現，這裡不但有佛教、道教、儒教，還有來自西亞的景教。從這一點可以看出，阿剌海別吉當政期間，採用的是寬容大度的民族政策，國策有著很強的包容性。

被牧民挖出來的銅印，長一百零八公釐，寬一百零七公釐，高六十三公釐（見右頁圖）。黃銅質地，重一千四百克。印背有一直紐[9]，紐上刻著一個漢字「上」。印文為陽刻篆體。「監國公主入（行）宣差河北都總管之印」，三行，十四個漢字。漢字中間包裹著兩行蒙文，可惜銅印損傷嚴重，一時之間難以辨認蒙文文字。

身為監國，阿剌海別吉為什麼要使用蒙漢雙文的大印？解答這一疑問並不難，因為阿剌海別吉監的國，囊括了大片的漢族聚居地區。我會在後幾段詳細解答這個問題。

回過頭來，再探究一下這個大印。首先，它為什麼會在達茂旗草原深處出土？其次，它上面的漢字「上」是什麼意思？再有就是中間的蒙文寫的是什麼？以及它為什麼要採用陽刻篆體篆刻？

我們先探究第一個疑問，大印為什麼會在達茂旗草原深處出土？

八百多年前，阿剌海別吉為監國時期，發號施令的地方是敖倫蘇木，那麼大印怎麼會跑到四十公里之外的草原？實際上，在阿剌海別吉監國期間，達茂旗從來就沒有清

9 器物可抓住的提柄、繫帶。

靜過，部族叛亂、自然災害，可以說，阿剌海別吉沒過上一天安穩日子，但一次次，阿剌海別吉都能化險為夷，確保了蒙古大軍後院的安全。那麼大印為什麼會在草原深處出土？可以做出這樣的推測：阿剌海別吉死後，銅印被陪葬進了墓穴，後來墓穴被盜，大印流落到民間。再後來，盜墓人趕上了戰亂，持有大印唯恐招致災禍，便將大印藏了起來。有可能，藏大印的人死於戰亂，於是，便沒人知道大印的去處，以至於有了前面提到過的、大印被牧民挖出來的事。

有了大印，阿剌海別吉可以制止戰亂，因為戰亂，大印遺失到了民間，再因為戰亂，大印失於藏匿，牧民挖出大印絕對是偶然，但偶然隱含著必然的因素，這就是盜掘大印的人和持有大印的人，都不想將大印帶出達茂旗，大印是達茂旗歷史的見證，它不能離開達茂旗。

印紐上的漢字「上」，考古人員曾做了這樣的試驗，將「上」擺正，印也是端正的，**那麼「上」字有表示方位的功能**。再有，也就是最關鍵的，這個「上」字**有彰顯擁有者地位的意味**。大軍在外，身為監國，阿剌海別吉有著絕對的權力，史書上說，阿剌海別吉曾指揮過其三叔哈薩爾的軍事行動。阿剌海別吉稱得上是一個具備雄才大略的女子，因為她的坐鎮，蒙古大軍才能無後顧之憂的在前線作戰，蒙古大軍橫掃亞歐，阿剌海別吉在其中扮演的是一個舉足輕重的角色。

前面我提到過，因為損傷，大印上的蒙文難以辨認。考古人員將尋找與大印有關的文書，作為破解大印上蒙文表意的關鍵。但是，費盡周折，考古人員也沒能找到加蓋過這方大印的元代文書。大印上的蒙文究竟是啥，目前成了一個謎。但是，從漢字和篆刻形式上，考古人員還是能有所判斷和挖掘出一些資訊。

我們都知道**陽刻篆體是帝璽的專用**，從春秋戰國到秦漢唐宋，再到元明清，帝璽幾乎都是採用陽刻篆文刻製。陽刻篆文大氣、厚重，以篆文刻製帝璽，可以彰顯帝王的權威。阿剌海別吉官印的陽刻文，是對歷代王朝先帝做法的繼承，也是中國帝璽一貫制的展現。

至於大印上的印文，有一點令人費解，就是我前面解釋了一半的問題。阿剌海別吉監的是整個蒙古帝國，但為什麼行使職權所用的大印上卻是蒙漢文並用？阿剌海別吉監國，主要職責是為大軍提供軍需給養[10]。考古發現，敖倫蘇木周邊的草地曾被過度開墾，但達茂旗處在半乾旱地區，農作物的產量不高，蒙古大軍所需的大量糧草應該是來自陰山以南的廣大農區。阿剌海別吉身為監國最主要的職責是向前線提供糧草，而多數糧草來自漢中和華北，大量農民、也就是漢人成了阿剌海別吉的從令者，而且，這些地方很多官員都是漢人，對這些人行使權力，當然要用漢人看得懂的憑證，也就是漢字的

10　供應軍事人員與牲畜食用之糧食及飼料。

印章。

探究大印為什麼要用蒙漢兩種文字，疑問搞清楚了，但是，既然漢中為蒙古大軍最為重要的物資供應地，為什麼蒙元的統治者還要將管理中心放在敖倫蘇木，而不是挪至富裕的漢中？前面我說過，達茂旗對各個方向都存在戰略上的優勢，這是蒙元將戰略中心設置在達茂旗的戰略原因；不過，敖倫蘇木並非長久受到統治者的青睞，元建都北京以後，敖倫蘇木便不再得寵了。忽必烈建元，都北京，敖倫蘇木失去了往昔的戰略作用；再後來，敖倫蘇木沒了人煙，原因是，元末，紅巾軍[11]打進了達茂旗，紅巾軍先是將敖倫蘇木洗劫一空，然後，將城裡的居民驅散。於是，敖倫蘇木沒了。

▲**圖 1-18** 尋訪阿剌海別吉，敖倫蘇木城遺址。

11 元朝末年反抗元朝的主要起事力量，因樹立紅旗，頭綁紅巾，故稱作「紅巾」或「紅軍」。

第二章

甑皮岩遺址

一住就是五千年的家

在考古界有這樣一個說法：**北看山頂洞，南看甑皮岩**。廣西壯族自治區桂林市的甑皮岩遺址，在學術界有著很高的地位。

山水甲天下的桂林就像一個大盆栽。按當地人的說法：凡山就有洞。經考古調查發現，**桂林有將近一千個洞，其中有近三分之一的洞被古人當作過居室**，這裡面最典型的當屬甑皮岩。甚至可以說，中華民族五千年文明史，古人以甑皮岩為家，一住就是五千年。想當初，發現並挖掘甑皮岩遺址，可謂歷經坎坷，一波三折。

我們找到了當初參與文物普查時，發現甑皮岩團隊中的蔣忠瑜（見左頁圖2-1）。當時正值一九六五年，廣西壯族自治區文物考古研究所在桂林做考古調查，年僅二十三歲的蔣忠瑜參與其中。

據蔣老師說，當時考古工作的艱苦程度，是當今年輕人想像不出來的，他當年住在城裡（當時的桂林城區面積還不及現在的十分之一），每天帶著自己做的乾糧，天還沒亮就得起床去趕長途巴士。下車後，調查現場常是荊棘遍布的沼澤地；中午，就在溪邊吃口乾糧，晚上再趕回住地，抓緊時間做好當晚和明天的飯。

這天，考古隊走到一個叫做獨山的山腳處，發現在距離地面六、七公尺高的地方有一個岩洞，決定進去看看。當時的洞口很矮，得爬進去。在洞裡，考古人員採集到不少顯示著早期文化特質的陶片、石器、蚌器和骨頭，這裡隨之被確認為是一處古代人居住的遺址。因為當時的時間和經費有限，考古人員沒有挖掘這處遺址。

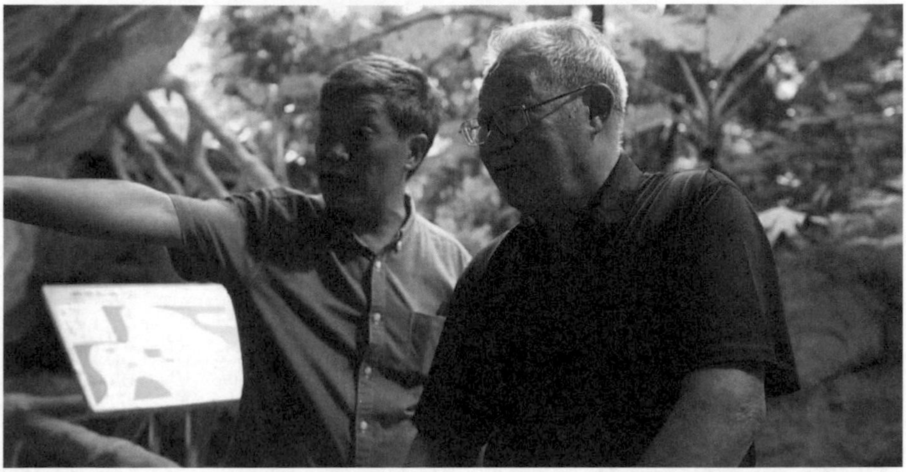

▲圖 **2-1**　蔣忠瑜（右），廣西壯族自治區文物考古研究所研究員，畢業於北京大學考古科系，投身考古事業已然超過了一個甲子。1965 年，時年 23 歲的蔣忠瑜參加了甑皮岩遺址的第一次考古挖掘工作。

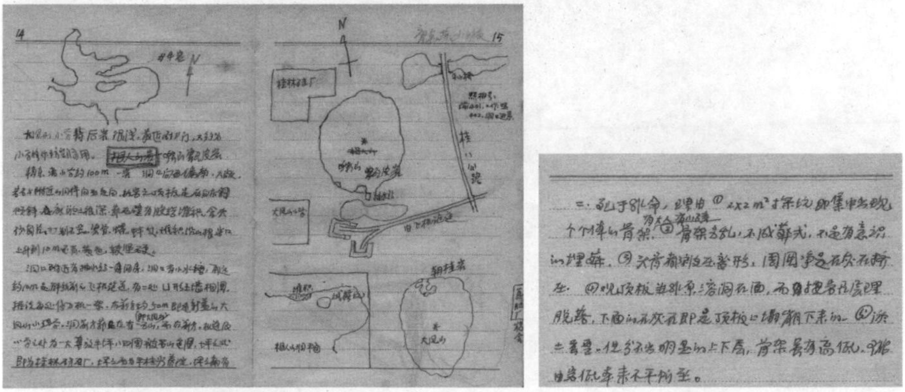

▲圖 **2-2**　蔣忠瑜珍藏了 60 年的挖掘紀錄，字裡行間透露著老一輩考古人的執著與認真。考古人的筆記本，儼然成了文物。

一九七〇年代，桂林地區開始修築人防工事[1]，岩洞成了修築防空洞的最好選擇，距離桂林市區不遠的甑皮岩當然沒能倖免。聽到施工人員正在開鑿甑皮岩，市文物管理委員會（簡稱文管會）的考古人員迅速趕到現場，只見甑皮岩洞口濃煙滾滾，爆破聲不絕於耳。考古人員馬上制止工人對甑皮岩的爆破，並向市革命委員會彙報此事。革委會馬上批復：停止甑皮岩的施工。制止施工後，考古人員進入甑皮岩，開始對甑皮岩遺址進行搶救性挖掘。

堆積在一起的古人遺棄物，在考古學上稱為「文化層」。甑皮岩的「文化層」厚度將近五公尺，隨著年代的更迭，層層堆積就像是無字天書，記載著甑皮岩古人的生活，極具考古價值。對甑皮岩遺址的首次挖掘，歷時三個月，出土器物難以計

▲**圖 2-3**　甑皮岩岩洞。

數（部分見下頁圖）。

甑皮岩人能下河撈螺，河應該不會離居住的洞太遠。考古調查，古人是擇洞而居，所以說並不是所有的洞都能被古人當作居室。**以洞為居，洞必須具備三個條件：其一，高出地面七至十公尺**，如此，既能防水患，又能保持洞內相對乾燥，還能有效抵禦野獸和外族的侵擾；**其二，洞口有水源**，便於取水和捕撈水中生物；**其三，朝陽**，既有較好的日照採光，又可躲避冬日北風襲擾。只有具備了這三個條件，洞才會被古人使用。

以洞為家，依水而居，世世代

1 人民防空工程，指為防備敵人突然襲擊，有效的掩蔽人員和物資，保存戰爭潛力的重要設施。

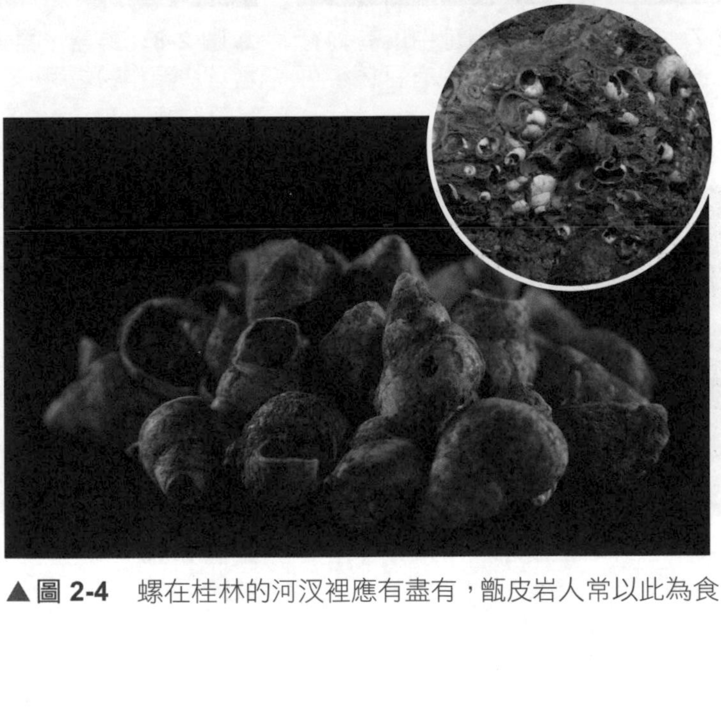

▲圖 2-4　螺在桂林的河汊裡應有盡有，甑皮岩人常以此為食。

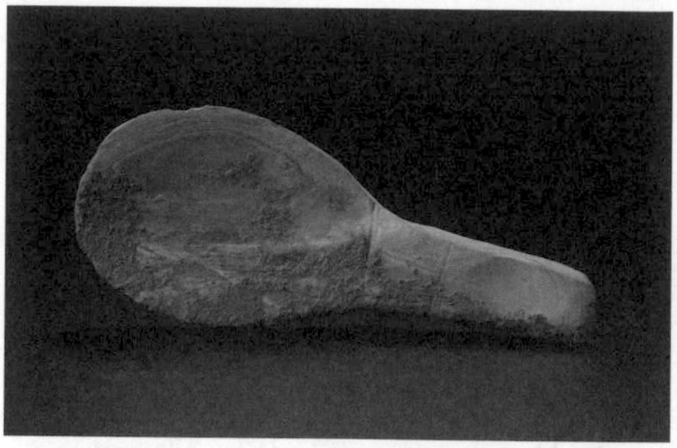

▲**圖 2-5**　骨匕，喝湯的勺子。

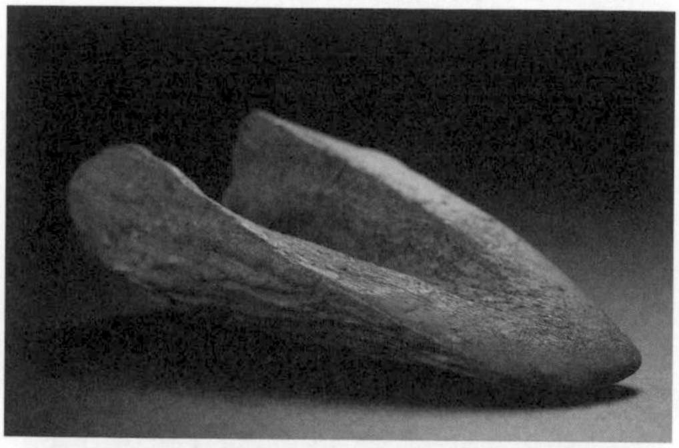

▲**圖 2-6**　鏟形骨器，這應是一把餐具。

▲**圖 2-7**　石器，甑皮岩遺址中既有純打製的石器，也就是舊石器，也有打製後再磨製的石器，謂之新石器。

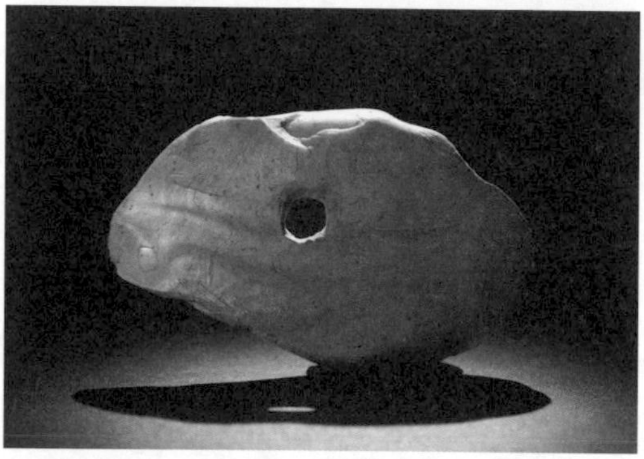

▲**圖 2-8**　蚌器，器邊鋒利，這應該是收穫莖塊類作物之用。

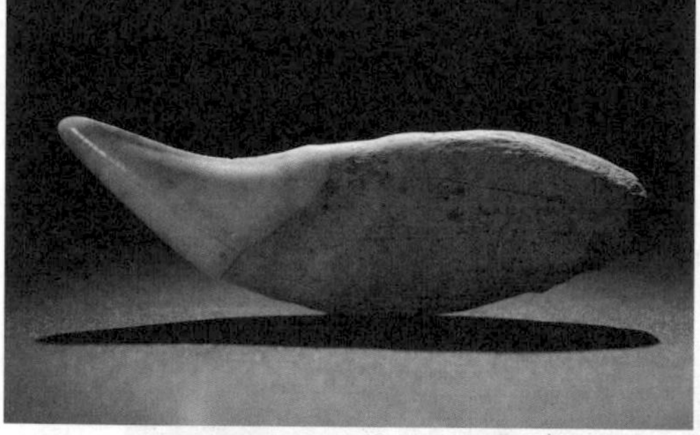

▲**圖 2-9**　獸牙，甑皮岩人用來做什麼？沒人說得清。

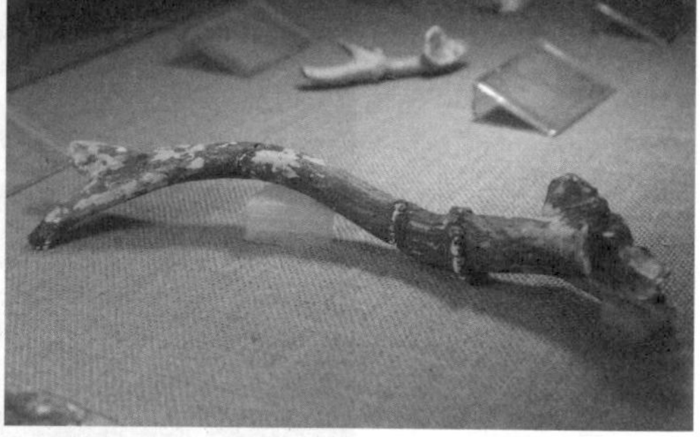

▲**圖 2-10**　灕江鹿的鹿角，這一物種早已滅絕。

代，古人在甑皮岩竟然住了五千年，相當於中華文明史的時間跨度。不過，也有例外。有一處叫做大岩的洞，洞口朝北，也被古人選用當作居所。其實古人選擇這個洞來居住是有原因的：第一，洞口並非朝向正北，是略偏東，早晨可以被陽光照到；第二，洞北邊的山擋住了北風；第三，洞內有暗河，取水取食都很方便。

一九七三年，首次針對甑皮岩遺址的挖掘可謂大獲成功，不僅出土了最真實的室內屈肢蹲葬的葬俗（見圖2-11），還發現了最早的家豬飼養和水稻種植實證，就此，甑皮岩遺址被確定為是一處上至舊石器時代晚期，下至新石器早期的古人類居住遺址。

甑皮岩遺址的挖掘轟動了學術界，卻也引發了強烈的質疑聲，原因在於碳十四測年法的介入，其結果令人跌破眼鏡。地層關係中，挖掘採自洞內下層的樣品，經過碳十四的測定，其年代竟比上層距離今天更近！文化堆積，只會越往下年代越早，怎麼可能倒過來，上層的更早，下層的更晚？

客觀存在的文化堆積不會出錯，出錯的只會是考古人員。甑皮岩遺址固然重要，但因為挖掘中出現的這個閃失，成了遭人譏諷的笑柄。直到二

▲圖 2-11　屈肢蹲葬，甑皮岩人將死了的親人以這種方式埋在洞穴。有學者認為以這種姿勢下葬是為了復原嬰兒在母體裡的樣子。

○○一年，因為一個人的介入，戴在甑皮岩遺址頭上尷尬的帽子才終於被摘去，這個人就是任職於中國社會科學院考古研究所（簡稱社科院考古所）的傅憲國。

在考古界，考古人對傅憲國的評價是性格耿直、不會拐彎，無論誰、在什麼場合，但凡看到有人幹出「出格」[2]的事，他都會毫不留情的指責，因此，得罪了不少人。但傅憲國的工作態度冠上「拚命三郎」一點也不過分。

二○○一年，在挖掘桂林的幾處洞穴遺址以後，傅憲國突發奇想：為什麼不再深度挖掘一次甑皮岩？然而，這個想法得到最多的是反對的聲音，就連考古界的泰斗級人物張忠培、嚴文明都對傅憲國明確表示，甑皮岩是一處國寶級文物保護單位，雖說前番挖掘出現了很多紕漏，但如

▲**圖 2-12**　傅憲國（左），河南濟源人，畢業於中山大學考古文博學院。

果再次動土，挖好了，皆大歡喜，挖不好，不僅自毀聲譽，也對文物造成不好的影響。

前輩苦勸、師長忠告、同輩阻攔，當時，能夠理解和力挺傅憲國的只有時任社科院考古所副所長王巍。絕大多數人的反對，反倒激發了傅憲國挖掘甑皮岩的決心。實際上，傅憲國就是這麼一個人，反對的人越多，他往往越堅持。其實，傅憲國這麼做並非一時心血來潮，而是基於深入的調查和思考後決定的，至於他做了怎樣的調查和思考？本文的後面會提到。

接下來，傅憲國多次至張忠培先生家、多次拜訪國家文物局的主管，或許是被傅憲國的執著打動了，國家文物局批准了他的挖掘申請，但僅允許挖掘十平方公尺，就此，對甑皮岩遺址的二次挖掘，終於在非議、爭議和譏諷聲中拉開了帷幕。十平方公尺，還不及時下許多人家廚房的面積大，對考古挖掘來說，亦是前所未見。

不同於其他專案的考古挖掘，洞穴考古異常艱苦，據參與二〇〇一年挖掘工作的考古人員說，蹲在洞裡，最煩人、讓人受不了的，一是蚊蟲叮咬，二是溼悶的空氣，再有就是地下水時高時低，高的時候得站在泉水裡挖掘，冰涼刺骨，而且洞裡古人吃剩的螺殼隨處可見。

2　言談舉止不合乎法度、常規。

三個月，整整三個月，挖掘工作基本完成，雖是徹底搞清楚了（或者說徹底摸清）遺址的地層關係，但實質上並沒有超出一九七三年挖掘時發現的範疇，這與傅憲國的初衷相差甚遠。那段時間，傅憲國很煩悶，據參與挖掘的同事事後說，當時誰也不敢和傅老師多說話，不知道哪句話會惹惱他，引起他的破口大罵。剛好那幾天下起了大雨，挖掘面被水灌得滿滿的，無法繼續挖掘，考古人員整理挖掘資料，傅憲國卻不見了，他沒和任何人打招呼，自顧自的開車跑到數百公里外會見老朋友去了。對於這事，傅憲國後來說，當時他特別煩躁，想找個地方散散心。

到了老朋友那以後，三杯烈酒下

▲**圖 2-13**　第二次挖掘甑皮岩。

肚，傅憲國忽然悟出了點什麼，飯也不吃、酒也不喝了，找了個當地的司機，當晚又返回甑皮岩考古工地。傅憲國悟出了什麼？前面曾說過，傅憲國是經過深入的調查和思考後，才下定決心二次挖掘甑皮岩，調查和思考，在於他裡裡外外將甑皮岩遺址徹查了一遍。傅憲國推測，遺址中最為關鍵的部位，也就是真正能夠彰顯這處岩洞遺址，更為顯赫的文化面目的地方還沒被觸及，因此，他要在一片反對聲中實現自己的初衷。

那麼，傅憲國找朋友喝酒究竟悟出了什麼？照他的話說，考古人員在一處挖掘面發現了鵝卵石，當時推測，這已經到了地面，這會兒想來，鵝卵石絕不是自然鋪就的，而是人為的。既然是人為的，石頭的下面就有可能有古人生活的印記。

第二天一早，傅憲國第一個鑽進洞，掀去鵝卵石，果真如昨晚推測那樣，下面竟然還有「文化層」，有古人生活的印記。細細挖掘，奇蹟發生了，現身了一塊巴掌大小的陶片。依據陶片的形態，傅憲國認定，這應該是從一口鍋樣的器物上散落下來的。

陶片被送去檢測，結果顯示它距今已有一萬兩千年歷史了（見下頁圖2-14）！我們說，考古不是尋寶，這句話有兩層含義，其一，考古在於探究歷史，因此，出土了多少亮眼的寶物不是考古唯一的目的；其二，考古挖掘出土的「價值不菲」的寶物，有可能是金銀玉帛，亦有可能是一般人根本看不上眼的陶片等，甑皮岩出土的一萬兩千年前的陶片，對於考古人員來說，稱得上是無價之寶。

與一九七三年，也就是第一次挖掘不同的是，二〇〇一年對甑皮岩遺址的二次挖掘，傅憲國請來了體質人類學[3]、植物考古、動物考古等中國頂尖專家參與，再加上自然科技的介入，極大的豐富了考古挖掘的研究手段，並且顛覆了首次挖掘時宣稱的部分「重大發現成果」。

比如，動物考古學專家的介入，否定了首次挖掘時，甑皮岩人已經懂得飼養家豬的認定；植物考古學專家的介入，否定了第一次挖掘對於甑皮岩人已經懂得栽培水稻的認定。

植物考古權威專家趙志軍與傅憲國，在一起反覆查看為數眾多的史前遺址的蚌器之後，趙志軍頓有所悟，古人不厭其煩的製作蚌器，不在於挖取塊、根、莖類作物，若僅僅是為了採集野生的塊、根、莖類植物的話，

▲**圖 2-14**　一萬兩千年前，甑皮岩人就懂得製作陶器，陶片散落於鍋，隨之，陶片原本的鍋被譽為「天下第一鍋」。

沒必要製作那麼多蚌器。趙志軍推測，西遼河流域的古代先民發明了耐旱作物的種植方法，長江流域的古代先民發明了水稻的種植法，而生活在嶺南的古代先民則發明了塊根莖類作物的種植方法，只有大面積的種植，他們才會需要大量的專用工具——蚌器。

一九七八年，桂林甑皮岩遺址博物館建成。作為史前洞穴遺址博物館，甑皮岩遺址博物館在吸引大眾目光、普及考古知識上，走出了一條切實可行的路。就展品和遺址的可觀賞性來說，不僅具備吸引目光的特質，進入博物館的人也可以體驗甑皮岩人的生活、生產方式。

3 又稱生物人類學，是人類學中研究人類生理現象的一門學科。

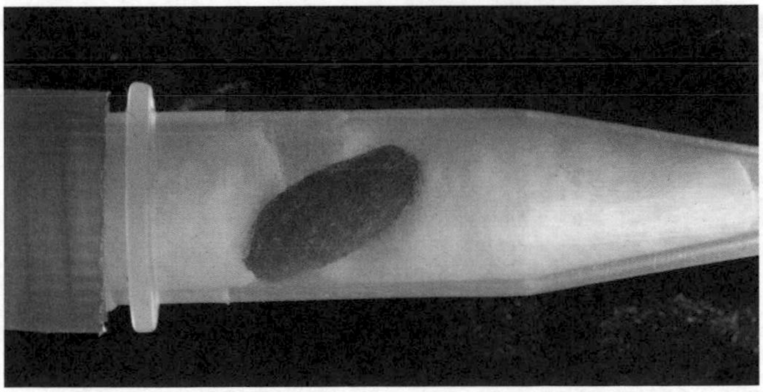

▲**圖 2-15**　這是一顆碳化的桂花種子。甑皮岩人有可能採摘桂花調味餐食。

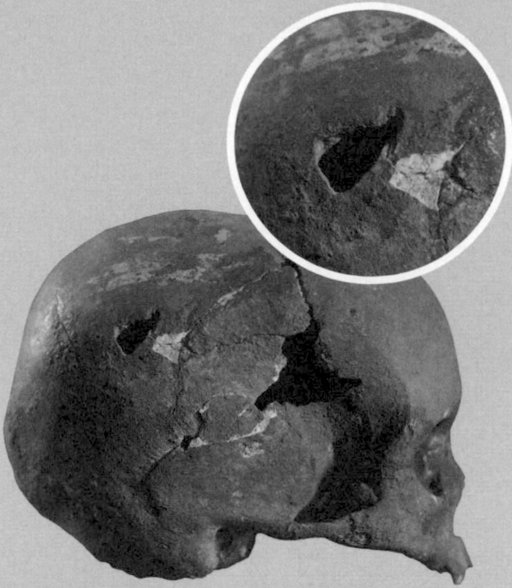

▲圖 **2-16**　體質人類學專家發現，出土的甑皮岩人頭骨多有外傷。這顆頭骨右側顱骨嚴重內陷，此人死於鈍器重擊。

▲圖 **2-17**　頭頂有 7 個貫通小孔，此人是被銳器反覆擊打致死。甑皮岩人生活的時代，不但要隨時提防猛獸的襲擾，還要時刻擔心外族的傷害。

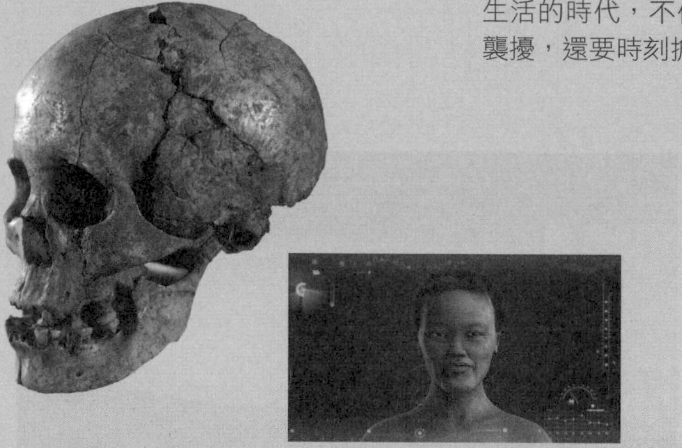

▲圖 **2-18**　右圖是根據出土於洞內墓葬的女性頭骨復原的甑皮岩人相貌，考古人員將她命名為「桂林女祖」。

▲圖 **2-19**　智慧甑皮岩，史前的群居生活。

第三章

興隆窪聚落遺址

穿越時空的中華祖神

我曾將左頁圖3-1這個陶人的照片，給一個三十年前畢業於中央美術學院雕塑系的朋友看，他只瞄了一眼，便扔下手中的事，逕自跑去了敖漢。回北京後，他對我說，陶人不僅是國寶，而且絕對是一件深遠與特別的集合體。我問他，何以如此概之？他說，他也說不清楚，但有一點，他信誓旦旦，即便把當下全世界最厲害的雕塑大師請來，也複製不出如此聖物！

陶人上身健全，下身孱弱，有學者推測，陶人的原型是一個小兒麻痹症患者。如果陶人的原型當真患有小兒麻痹，這倒是一個值得說說的話題。

史前，由於生產力低下，族群無法養活多餘的、特別是有先天殘障的族人，對於出生即為殘障的嬰幼兒，一般的做法是將他們殺死。為了生存，有些族群甚至有意控制女嬰的數量，原因在於，女人在與野獸的搏鬥中遠不如男人善戰，獵到的野獸比男人獵得少，族群裡留下的女人，僅夠人口繁衍。

實際上，原始社會時期，一些殘障人士因為有著高於一般人的智商，但又沒有能力參與狩獵和採集，為了活下去，常會臆造出神異的情景和怪誕的言論，致使迷茫於自然現象的族人篤信起殘障人士的說教，於是，這些殘障人士被尊為有通神能力的巫。如果敖漢陶人的原型當真是殘障人士，那他應該也是有別於常人的巫。

陶人怪異，實際上，它的面世同樣充滿了怪異，甚至荒誕。

▲**圖 3-1**　陶人，出土於內蒙古敖漢旗，距今五千多年的紅山文化遺物，國寶級文物。

▲**圖 3-2**　陶人雙眼圓睜、兩腮略鼓、嘴做鼓氣狀。蒙古族呼麥[1]的專業演員在演繹時就是如此。紅山人為什麼要將陶人塑造成這等模樣？令人費解。

二〇一五年的夏天，考古人員在敖漢旗興隆窪做紅山文化聚落遺址的考古調查。說到這個**興隆窪**，在考古界絕對稱得上是赫赫有名，這裡有**被譽為「華夏第一村」**，距今八千兩百年的聚落遺址。

興隆窪的名聲大，還在於這個鄉隸屬敖漢旗，就敖漢旗來說，既有距今近萬年的小河沿文化遺址，又有七千六百年的趙寶溝文化遺址留世、距今五千年的紅山文化遺存、距今四千多年的夏家店文化遺址存留，可以這樣說，上至史前下至元明清，古代遺址在敖漢旗應有盡有。

一九九二年，為了拍出俯瞰的照片，考古隊從河南安陽航空學校租來熱氣球，沒想到，那些天大風不斷，熱氣球飛不起來，盼星星盼月亮，終於在一個星期後的某天下午，風忽然不颳了，隊員們抓緊時間登上熱氣球，拍下如下頁圖 3-3 這張珍貴的照片。

話說考古人員在做調查時，意外發現了幾塊奇形怪狀的陶片。在興隆窪做挖掘和調查，最常見的古代遺物就是陶片，很多情況下，考古人員根據陶片的文化屬性判定遺址的性質，所以見到陶片本不足為奇，但此一番非彼一番了。

1　一種源於蒙古西部阿爾泰山脈的演唱形式，表演者模仿自然界的聲音，同時發出兩種不同的聲音，是一種藉由喉嚨緊縮而唱出「雙聲」的泛音詠唱技法。

考古人員直接用手刨地，兩個小時的工夫刨出來五十六塊陶片。當夜，考古人員驅車一百三十公里趕回縣博物館。刨來的陶片絕非尋常，為什麼會有人臉？將陶片組合在一起會是一件什麼樣的器物？考古人員顧不得回家，連夜黏合。沒想到，好事多磨，黏合陶片的黏合劑用完了。敖漢到赤峰一百多公里，第二天一早去買，買回來也中午了，一不做二不休，往返四百公里，考古人員驅車至通遼，在自治區考古所的一處工地上借來黏合劑。

考古隊員回到縣博物館時天都快亮了，大家大氣沒來得及喘，將陶片攤在桌上，開始黏合。三天三夜，考古隊員硬是沒邁出過縣博物館，散碎的陶片終於被黏合起來了。

▲圖 3-3　興隆窪聚落遺址。

黏合完成，考古人員大驚失色！陶人是什麼時候、誰製作的？考古人員再次來到興隆窪，在刨出陶片的地方開了一個十乘以十平方公尺的探方。結果挖不到半公尺，出現一個二十多平方公尺的房址，根據房址裡出土的陶罐碎片，考古人員推測，這裡曾有過一座紅山文化建築。

更令人稱奇的是，房屋的一角出土了幾塊陶人身上缺失的陶片。就此，陶人的文化所屬被確定了下來——紅山文化遺物。

前些年，中國頒布了允許民間興辦博物館的政策，使得很多散落在民間，各個時期的文物被有效的保護起來，身為縣級單位，敖漢有私人博物館四座，這在中國國內來說很少見。

▲**圖 3-4**　將發現的陶片略微拼合，意外發現，竟然是半張人臉。

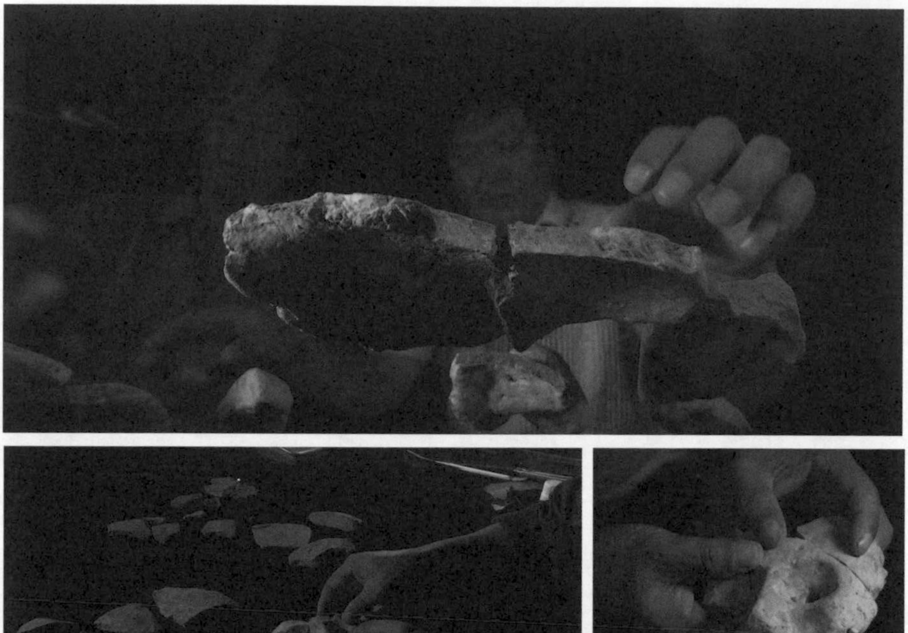

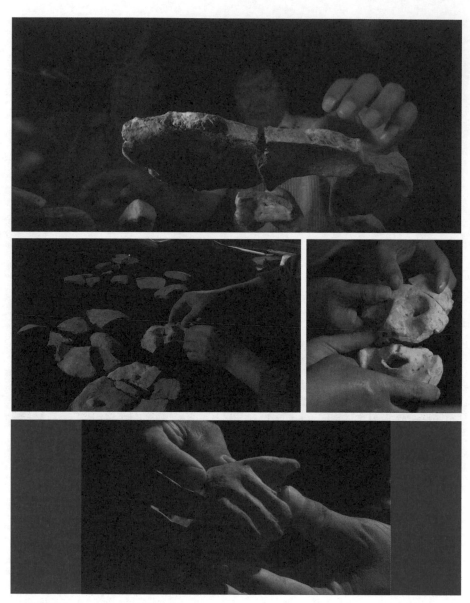

▲**圖 3-5**　考古人員黏合陶片。

▲**圖 3-6**　陶人最初殘缺不全的樣子。

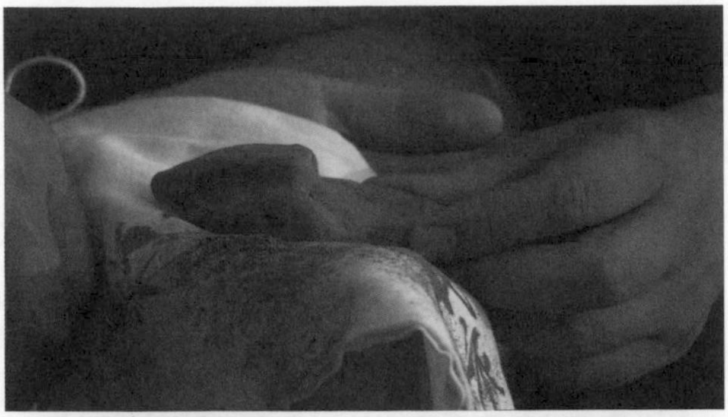

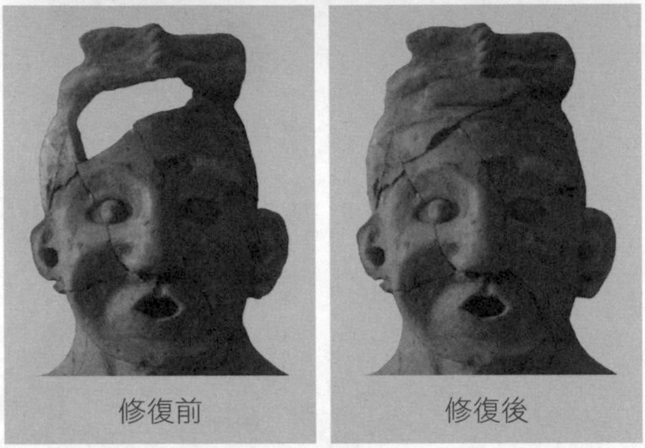

▶**圖 3-7**　考古人員在挖掘區裡找到了陶人腦門部位的陶片。

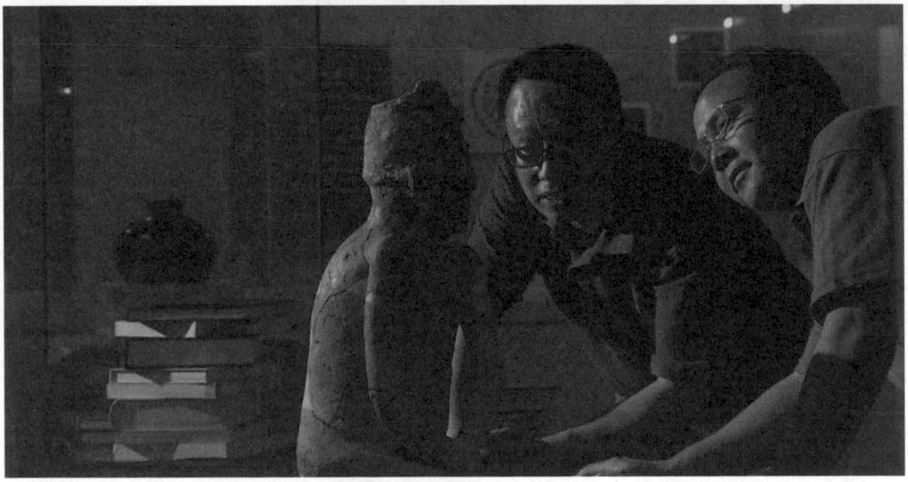

▲**圖 3-8**　黏上了腦門和兩臂缺失的部分陶片後，陶人越顯生動。照片裡的兩個人，紅衣者叫劉國祥，社科院考古所研究員，先前說過對紅山文化遺址的調查發現了陶人，這項工作的負責人就是劉國祥。藍衣者叫田彥國，敖漢旗博物館館長。

事情總該完結了吧？還沒！陶人出土的地方原是農民的耕地，動了人家的地總得給人家交代才行。考古人員挑一個好天氣，在縣裡最好的餐館打包幾道好菜，趕到耕地承租戶的家。一進門，考古人員傻了，躺在炕上的是兩個三十歲上下的智能障礙者。看到家裡來了外人，其中一個跳起身，衝開考古人員，跑出屋子，另一個仍躺在炕上，茫然的睜大眼睛，自顧自的傻笑。

考古隊員還未開口卻呆住了——眼前的男子似曾相識，好像在哪見過。突然，大家異口同聲：「陶人！」眼前這個人竟然和陶人有幾分相像！

就在大家發楞時，有一男一女兩個村民，和剛才跑出去的人一起進屋子。問明考古人員的來意，女村民開口，說這兩個人是她弟弟，她父母生了一女四男五個孩子，四個男孩都是智能障礙者。四個兄弟已經死了兩個，剩下這兩個原本由父母照料，年初，父母在一週之內相繼去世，目前由他們擔負起這兩個弟弟的吃喝。

考古人員問：「兄弟二人的地誰在種？」女村民說，原本是父母種，只種些小米、蕎麥等好照顧的糧食。父母去世後，他們接管了那片耕地。好多年來，年老體弱的父母都是淺耕，他們將父母和弟弟的耕地接管過來後，為了增加糧食產量，僱來大型機械對土地做了深耕。

耕地由淺耕變為深耕，淺耕時，沒有觸及藏身耕地下面的陶人，深耕將陶人翻了出來，這也就是陶人為什麼會在土地變更了耕種人以後現身的原因。對此，考古人員突發奇想：他們的父母或許是上天指派的陶人守護者，二老去世，意味著藏身黃土下五千多年的陶人終將面世。

聊著聊著，考古人員忽然想起買來的飯菜，趕緊跑去取來擺在桌上，沒想到，兩兄弟就是不肯吃，看都不看一眼。女村民抱歉的說，她這兩個弟弟從沒見過飯館的炒菜，所以不感興趣。

這時有個考古人員想起車上還有前幾天加班時買的泡麵和火腿，便去車裡拿來，兩兄弟看到泡麵和火腿，眼睛一下子亮了起來，搶過泡麵，逕自走到堂屋[2]的灶前，往大鐵鍋裡倒了些水，著手燒水泡麵，可是火怎麼也生

▲**圖 3-9**　右邊的新房子與舊房子的間距有 1 公尺多，比舊房子高 1 公尺多，任何人很難借助舊房子爬上新房子。

不著，歲數小一些的男子跑出屋子。過了一會，考古人員和姊姊、姊夫聽到屋外有人大喊，大家趕緊跑出去看，歲數小一些的男子站在屋頂，手裡揮舞著一根棍子，嘴裡發出「呀呀」的恐怖尖叫聲。

有村民扛來梯子，男子爬下屋頂，大家問他是怎麼上去的？他咧著嘴「嘿嘿」傻笑了兩聲，跑進屋和他哥哥爭食泡麵去。午餐時，考古人員和他們的姊姊、姊夫吃的是從縣裡帶來的飯菜，兩兄弟吃的是泡麵、火腿。

就在考古人員起身告辭時，歲數較小的男子突然轉過身，從餐櫃裡翻出一截陶棒遞給考古人員，考古人員再次驚呆了：竟然是陶人缺少的左上臂的一截！

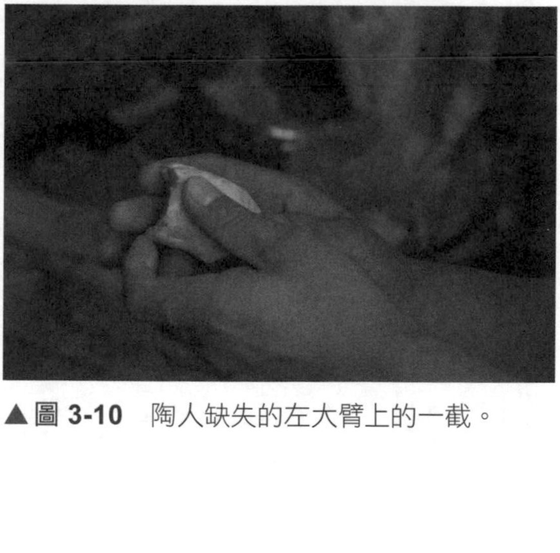

▲圖 3-10　陶人缺失的左大臂上的一截。

離開後，考古人員久久不能平靜，老兩口生了五個孩子，竟然有四個智能障礙；為什麼兩兄弟與陶人的長相十分相像？男子是怎麼爬到屋頂上的？他是怎麼得到陶人的斷

2 院落房屋的正房。常為祭拜神明祖先，或宴客集會的地方。

臂？幹麼要將陶人的斷臂藏在餐櫃裡？為什麼陶人偏偏藏身於只有能力淺耕的老年夫婦家的耕地裡？考古人不信邪，但眼前的情景卻又令人不得不產生聯想，這戶人家和陶人到底有著什麼樣的關聯？

回到縣裡，考古人員仍舊顧不得回家，立刻黏合從探方中挖掘出來的陶片，和那男子捐獻的陶臂，黏合後的陶人更加完整了。

敖漢出土了紅山文化時期的陶人這件事引起了轟動。二〇一六年五月，幾十位頂尖專家及新華社、《人民日報》、中央電視臺（簡稱央視）等多家媒體齊聚敖漢，與會專家充分肯定了陶人的學術意義，一致認定，**陶人屬紅山文化頂級文物**，彰顯出來的是王者的氣度，隨之，陶人**被尊為「中華祖神」**。

二〇一七年，敖漢旗人民政府在「中華祖神」的發現地點，蓋了一個放大的紅山人居所式樣的博物館。

陶人顯現出來的美學意義，是當今人們無法企及的——五千多年前的古人，具有強大的美術創作能力和豐富的想像力，以及陶人對研究社會發展史亦有重要的學術價值。

陶人是紅山文化遺物，但紅山文化是怎麼回事？

二十世紀初，日本人鳥居龍藏在內蒙古赤峰市郊外一個叫紅山（見左頁圖3-11）的山上，發現一些顯示著史前文化特質的陶片。一九三〇年，梁思永（梁啟超之子）收集了鳥居龍藏的資料，推測紅山應該有過一段不為人知的史前文明。一九五〇年代，考古學

▲**圖 3-11**　紅山，赤峰市郊的一座孤山，因這裡呈現了一個獨特的史前文化，這個文化遂被命名為「紅山文化」。因為紅山文化，這座山名揚天下。

家尹達先生認定：赤峰地區的史前文化屬長城南北接觸產生的一種新文化，「紅山文化」就此得名。

紅山文化以遼河流域的支流西拉木倫河、老哈河、大凌河為中心，分布面積二十萬平方公里，距今五千至六千年，延續時間兩千年。

來看看出土的幾件具有代表性的「紅山文化」文物。

五千年前，久旱未雨，陶人被用作侍奉天神的祭物。陶人營造出來的氛圍，神祕而且詭異（見下頁圖3-12）。祖先的靈魂從孔洞中游離出來，飄忽在生者中間。五千年來，中華文明生生不息，原因在於，世代中國人保持著同樣的信念：祖先永遠與生者同在。面對五千年前的祖先，當今的人們，唯有敬重。

因為發現了最早的用玉實證、龍形圖騰，和旱作農業實物，敖漢被學術界稱作「龍祖、玉源、穀鄉」，而「中華祖神」的現身，再一次震驚了學術界，對於敖漢在中華文明進程中充任的角色作用，考古學界泰斗蘇秉琦曾說：「敖漢是中華文明太陽升起的地方。」

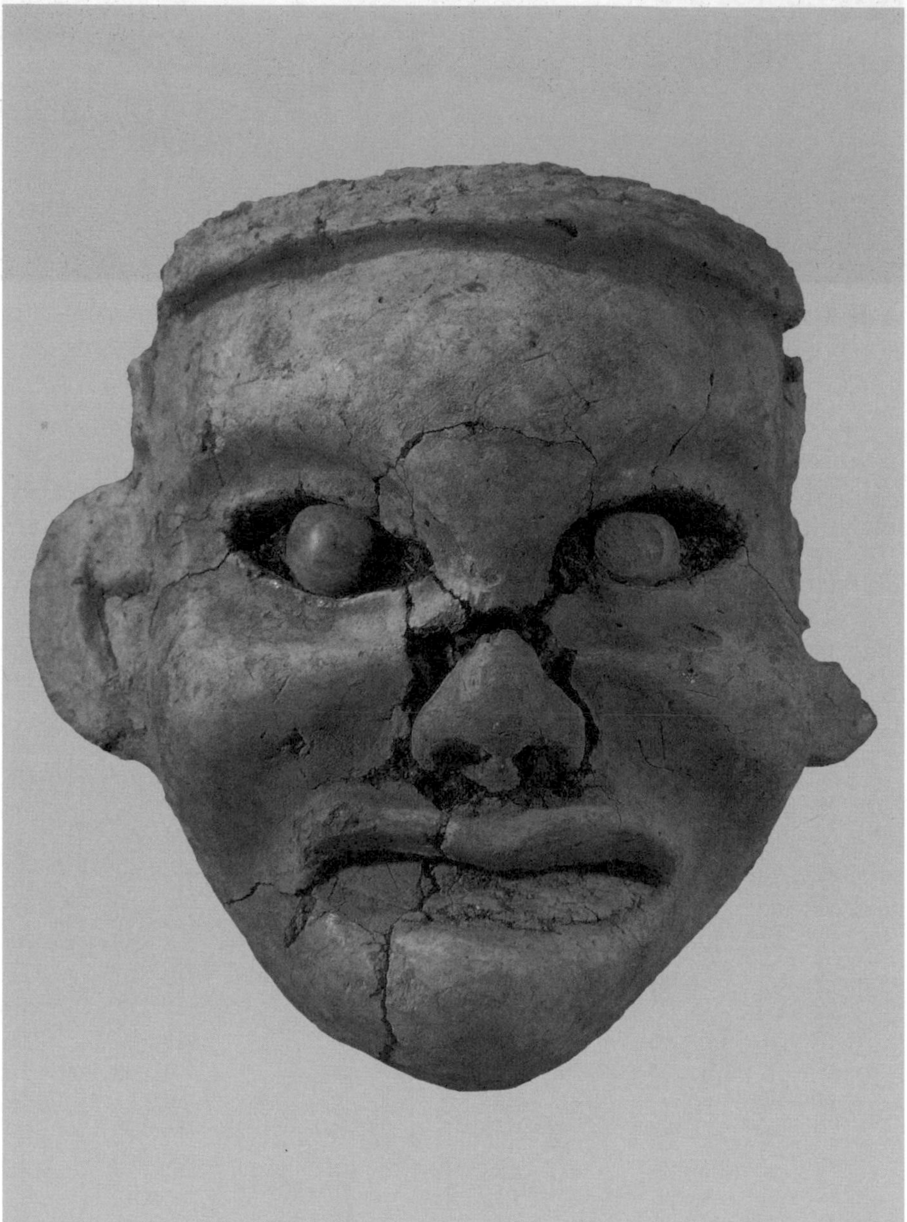

▲**圖 3-12** 女神像，泥製，雙眼為玉，出土於牛河梁紅山文化女神廟。

▲**圖 3-13**　玉豬龍，紅山文化墓葬中出土的典型器物，大耳、豬吻、怒目。

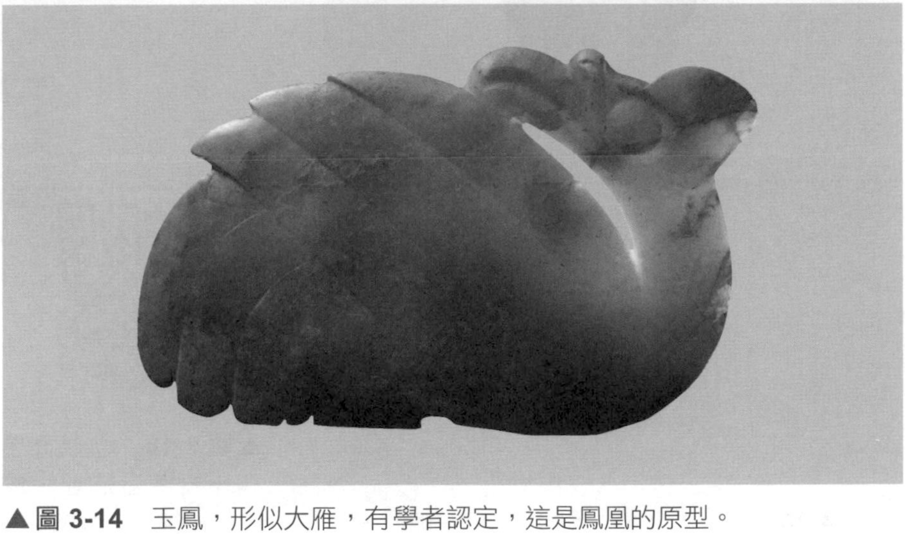

▲**圖 3-14**　玉鳳，形似大雁，有學者認定，這是鳳凰的原型。

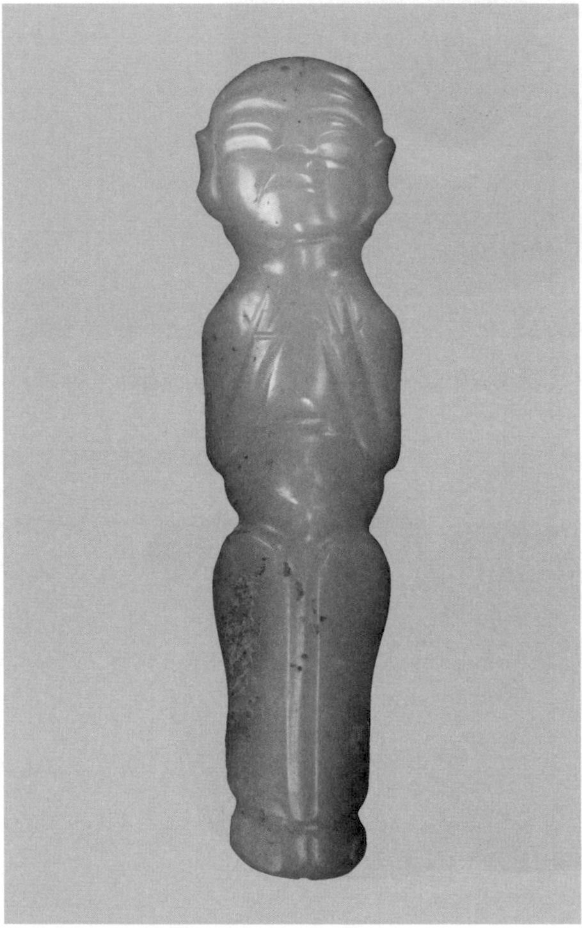

▲**圖 3-15**　玉人，雙手置於胸前，做虔誠狀。

▲**圖 3-16**　敖漢問祖——興隆窪遺址中的中華祖神。

第四章

海昏侯國遺址

壯志未酬還是遭人暗算？
出土文物暗藏廢帝真相

江西南昌新建縣海昏侯墓的面世，堪稱驚世大發現，央視科教頻道（CCTV-10科教）《考古進行時》播出「海昏侯大墓考古挖掘現場」系列節目以後，我留意了一下網路上觀眾的留言，有一條留言很有意思，有位觀眾感慨：現場那麼多人，南腔北調，工地上的負責人是怎麼指揮的呀？

我曾大概算了一下，海昏侯墓挖掘工地，有來自全國十幾個省市各方面的專家。海昏侯大墓挖掘現場，總指揮來自國家博物館，京腔京味，分配工作時，大家都聽得懂，所以，各個挖掘位置，各忙各的，井然有序。

關於考古人員的口音，講個笑話給大家聽。湖北荊州國家漆器文保中心的漆器保護權威專家吳順清，應邀至臺灣講課。課堂上，老吳眉飛色舞，擲地有聲，學生們瞪大著眼，滿是狐疑。課後，老吳問眾學生：「聽明白了嗎？」眾學生搖頭，老吳又問：「我講得不好？」有學生說：「好是好，但我們一句也沒聽懂。」

這也怪不得臺灣學生，即便是我，與吳老師在一起，他的話，十有八九我也聽不懂，可是老吳又很樂於表達。在挖掘海昏侯墓時，我觀察過，但凡挖掘之外的事，他一講話，幾乎所有聽眾都滿頭問號。

回到考古現場。整日與死人打交道的考古人最不信邪，但有些事卻是不信還真不行。這麼說吧，很多考古人兢兢業業，可是一輩子也參加不了有點影響力的挖掘計畫；有的人呢，比如江西省文物考古研究所的楊軍，考古「命」出奇的好。十多年前，他負責挖掘李杜酒廠廠區內的一處古代製酒作坊，獲得了當年的「中國考古十大發現」（這是每個考古人夢寐以求的最高榮譽）。後來，他又因為發現了海昏侯墓，名聲大噪。話又說回來了，楊軍會發現海昏侯墓，是被「餡餅」砸中了腦袋[1]。

二〇〇一年夏天，當時的江西省文物考古研究所所長樊昌生，接到南昌市電視臺的請求，派楊軍跟著記者去南昌市郊的新建縣，查看一處被盜挖的古墓。楊軍接受了任務，跟著記者去新建縣。爬上大塘坪鄉的墎墩山，楊軍不淡定了，眼前是兩個覆斗形[2]的大土堆，這是典型漢代貴族墓的封堆啊！

令人遺憾的是，兩座大墓的頂部都有長方形的盜洞，左邊的大墓旁還堆著新鮮的泥土。兩個大封堆有可能都是漢代貴族墓，大墓裡還會剩下什麼？下面的情況到底怎樣？考古人有個秉性，一旦發現古墓或者遺址，不吃飯、不睡覺也要先查出頭緒。

楊軍從山下村子裡的同鄉那借來了大繩，繫在腰間，請人在上面幫忙拉著，自己頭朝下順著盜洞先進入左邊的大墓。在手機微弱的光亮前，大墓裡乾乾淨淨，已然被盜劫一空（見下頁圖4-1）。

1 指不用出力即可享受現成的東西。
2 四邊向中心收束，像倒扣的漏斗。

▲**圖 4-1**　這是慘遭盜掘的左邊大墓，也就是海昏侯劉賀的夫人墓，墓裡空空的，像是被人清掃過似的。光天化日，盜墓賊竟如此囂張，令人氣憤，讓人費解。

▲**圖 4-2**　上圖中裝滿泥土的編織袋是盜墓賊留下的，用作支撐盜洞。下圖泥土上的小眼是鐵鉗子插出來的，這是盜墓賊尋找陪葬器物時所留下。

從左邊的大墓上來以後，查看右邊的大墓，下面的情況會不會如同左邊？楊軍再綁大繩，再次順著盜洞倒掛著下去。這一次，手機光亮前現身的是厚厚的槨板，楊軍認定，這應該是一座漢代頂尖貴族大墓，至於這座大墓是不是也遭盜掘？楊軍也不確定。當他頭朝下被人從盜洞拉上來以後，楊軍馬上向所裡主管彙報他的發現。

事不遲疑，江西省文物考古研究所隨即向國家文物局、省文物局彙報了在新建縣大塘萍鄉的墎墩山，發現了漢代貴族大墓的事。考慮到大墓已被盜，江西省文物考古研究所請求公安部門出動特警與武警，將大墓保護起來。

兩千多年前，大墓主人下葬時，「防衛措施」是否也這般森嚴？

左邊的大墓被盜掘一空，這事在楊軍受命前往新建縣之前，在大塘坪鄉早就不是什麼祕密了，盜墓賊聯手當地的鄉霸，給住在墎墩山邊上的家家戶戶送米、油、香菸，叮囑村民「管好嘴」。更可惡的是，盜墓賊竟然將大墓周邊的道路管制起來，村民往來，必須繞道。萬事俱備，盜墓賊幾乎是正大光明的挖起了墎墩山上的大墓。

說起來，盜墓賊應該是有一些歷史知識的。一直以來，**中國人以左為上**，於是位於左邊的大墓率先遭殃，但也正是盜墓賊這半吊子知識，右邊的大墓，也就是後來出土了兩萬多件（套）陪葬器物，堪稱驚世大發現的漢廢帝海昏侯劉賀的墓，才得以保全——盜墓賊犯了一個致命錯誤，**漢代，以右為上！**如果盜墓賊「沒知識」，只撿大的先挖，那麼兩萬多件的文物流入黑市，估價應該也有人民幣百億元以上！

對於盜墓賊的猖獗，拿了他們糧油的村民敢怒不敢言，不過，還真有人不吃這套，就在左邊的大墓被盜挖時，有村民匿名向有關部門舉報。接到舉報，文物管理部門派了兩個人來，再找來兩個村民，推了幾車土，不僅將盜洞掩埋好，還在周邊加強防護，可是待工作人員撤走，盜墓賊又來，只需片刻就摧毀了防護設施。

難道說盜賊的行為就真的沒人管得了？倘若如此，也就沒有後來的驚世大發現了。墎墩山所在的村子叫裘家老屋，人口不多，老舊的房舍散落在墎墩山四周。既然叫裘家老屋，村裡的大姓當然是裘姓。村中有個外姓的老先生，幾個兒女在大城市混出了名堂，他每個月在兒子家住幾天、在女兒家住幾天，時不時回到村子的老宅住幾天。盜墓賊盜完左邊的大墓、開始盜掘右邊的大墓時，正好遇上他自大城市返回村子，看到盜墓賊在光天化日之下膽大妄為，老先生不忍了，先前縣文物部門派人填洞不見效果，於是他索性跑到城裡，找到了南昌市電視臺。聽了老先生的怒述，電視臺當即與省考古所所長樊昌生取得了聯繫，樊所長指派楊軍跟著記者即刻趕去墎墩山，這才有了後來海昏侯墓的被發現、有了國家文物局組織精兵強將，開始對海昏侯墓的考古挖掘。

二〇一五年歲末，我初到海昏侯墓所在地的新建縣，自南昌昌北機場下飛機後坐車去工地，但因為計程車司機不知道新建縣有個考古工地，耗時四小時才趕到工地，而工地離昌北機場不過十八公里。

初到工地，自然要面見領隊楊軍。一見面，我愣住了，因為他穿的鞋是一雙很普通

▲圖 **4-3**　海昏侯墓挖掘工地。

▲圖 **4-4**　事死如事生，內槨室是照著劉賀生前的居室修建。沒有放在正中央的棺材躲過了一劫——盜墓賊打的盜洞正好在大墓的正中央。

◀圖 4-5　400 平方公尺，居中為內槨室，周邊是 11 個貯藏寶物的庫房，僅在這裡，考古人員就挖掘出土了兩萬餘件陪葬器物。

▲圖 4-6　重達 16 噸的棺材被吊出大墓的那一天，現場可謂人山人海，僅媒體就來了上百家。

的球鞋，且鞋面裂開，鞋底淒慘的牽掛著鞋面，髒兮兮的看不出原本的顏色。楊隊長為什麼要穿這雙爛球鞋？因為初次見面，還沒混熟，我不敢多問，事後，有人跟我說，這雙鞋是楊軍的幸運物，但凡穿著它進入挖掘現場，通常會有重大發現。

關於這雙鞋，考古工地流傳著這樣一則笑話：有一次開會，與會人員中有中國三十多位頂尖級專家。輪到楊軍發言時，他信誓旦旦的說：「挖掘海昏侯墓我有兩個幸運物：一個是國家文物局專家組組長信立祥。自從信老師到江西指導挖掘工作以後，重大發現便層出不窮；另一個幸運物就是我腳上的這雙球鞋。」

信老師聽到楊軍誇自己為幸運物，便瞇起眼，滿滿的自信與自足，但是當楊軍說到他那雙破爛球鞋後，信老師臉色突變。這也怪不得信老師，將人並駕於鞋，而且還是一雙破得沒法再破的鞋，任誰也受不了！聽到楊軍的侃侃而談，眾人哄笑，再看楊軍，睜著大眼，滿是茫然、無辜和不解。

既然提到了信立祥，索性說說這位考古界的領軍人物。有這麼一件事，我當真要感謝信老師。

堪稱驚世大發現的海昏侯墓的挖掘，自然吸引了大批記者蜂擁而至，可以說，大多數記者都不懂考古，他們被允許進入考古現場以後，隨意走動，而墓室裡到處都是陪葬器物，特別是那些與淤泥混雜在一起的簡牘，不懂考古的人會以為那些不過是一攤爛泥，而一旦踩上去，簡牘將無法修復。

對此，我跟信老師建議，為了文物的安全，不能再允許記者下到墓室了。信老師採用了我的建議，一道命令，所有記者禁止再下墓室。實際上，我的建議不僅是為了確保文物的安全，當然也有私心：墓室周圍有武警人員守衛，他們絕對鐵面無私，但凡掛著記者證的，一概不許進入，而我呢？掛著專家證，可以隨意進出墓室，這樣一來，我帶來的攝影組拍的影片和照片就成了獨家紀錄。

此制度的確立，甚至難倒了新華社和央視新聞部的記者們。他們只能站在墓室上面，視力差的，根本看不清楚下面考古人員挖掘的細節，更別提拍攝文物的細部了。那幾天，央視新聞部甚至從北京調來了直播車，但由於不被允許下墓室，幾位央視新聞部的記者抓耳撓腮，硬是沒轍啊。不過話又說回來，但凡你要是「會說話」、嘴甜一點，再有就是，你懂得一點考古挖掘必須遵守的規矩，信老師都有可能網開一面，讓他們下到墓室進行拍攝。可是眾記者極其沒有眼力見兒[3]，有一點他們沒搞明白：面對不懂考古規矩的人，考古人絕不會買帳。

這麼說吧，考古人不讓你拍，絕對有一百個理由拒絕你。前些年有這麼一件事，央視《探索．發現》節目組的幾名記者在河南濮陽拍攝蚌殼龍、虎時，記者們好說歹說，當地文管會的人就是不給拍，記者們打電話問專案組的主管怎麼辦，主管打電話給我，要我幫忙通融一下。於是我先打電話給濮陽文管會的朋友，對方聽說我已將考古現場的規矩告知記者，便同意讓他們拍攝（實際上，那些在濮陽的央視記者們，我根本不認識），之後，我撥通了專案主管的電話，告訴他事已辦妥，不過，得讓現場拍攝的記者們先弄清楚考古現場的規矩，然後再拍攝。

幾週後，去濮陽拍攝的記者來找我，先是道謝，然後對我說：「當濮陽文管會的人問過我們考古規矩以後，便一路綠燈了。」一般說來，考古人很軸，因為文物、遺址都是不可逆的，出不得半點傷及過錯。另外，考古人大都厚道、實在。那些飽受牢獄之苦的官員，大都是貪財，而考古人整日裡守著金銀珠寶，大都潔身自好，相對於有機會接觸錢財職業的人來說，考古界栽跟頭的比例是最低的。

一枚私印驗明正身

在一號墓棺中心偏右的位置，一塊大玉璧的下面露出一枚玉質的印章（見下頁圖4-8）。泥土下隱隱露出一個「劉」字，這顯然是一枚兩個字的印章，被泥土覆蓋著的另一半是什麼字？會是考古人員夢寐以求的那個字嗎？事關重大，實驗室考古負責人將屋裡非實驗室的工作人員都請了出去，僅留下三個人。

3　善窺人意而又能見機行事的智慧機巧。

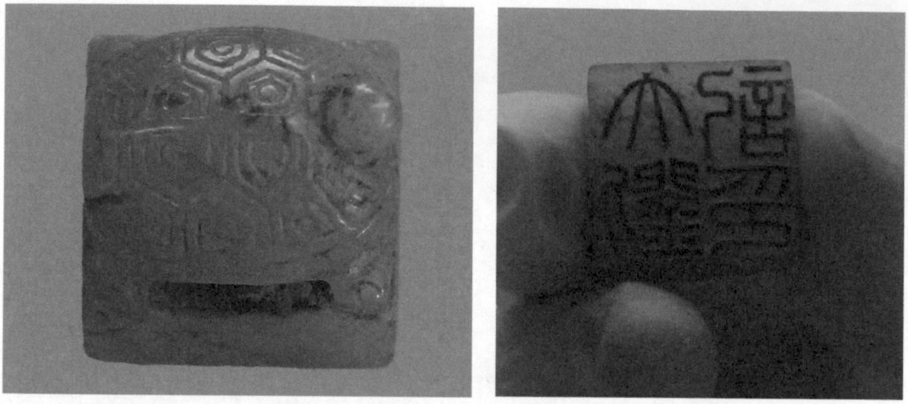

▲**圖 4-7**　篆文，「大劉記印」，大劉是誰？何以大劉？

▲**圖 4-8**　一枚玉印揭露了大墓主人的真實身分。

他們提取出玉印，拭去泥土，印章的另一半露出真容——果真是「賀」！劉賀！自此，猜疑和爭議了五年多的大墓主人身世之謎，終於真相大白——就是當過昌邑王、做過西漢皇帝，後淪落為百姓，末了，受封海昏侯的劉賀。

打開劉賀大墓的槨板，所有人都「傻」了：一層層燒餅大小的金餅，閃閃發亮，甚是奪目。它們經歷了兩千多年的掩埋，依舊光彩照人。

僅一天，考古人員就取出了一百八十七枚金餅。金餅是規格化製作的，經測試，每一枚金餅重約兩百六十克，這恰恰是漢代一斤的重量。出土的大部分金餅純度接近當今二十四K黃金的純度。

最終統計，墓中金餅一共三百八十四枚，總重量約九萬九千八百四十克。若按當下二十四K黃金每克售價人民幣三百元[4]計算，劉賀墓裡的金餅約兩千九百九十五萬兩千元。因為具有文物價值，每枚金餅的市場售價遠不止七萬元。據說，當初被盜墓賊偷走的海昏侯墓的金餅，在黑市上已經被炒到七十萬元一枚！至於漢代是怎麼製作出純度如此之高的金器，當時蒞臨海昏侯大墓的諸多冶金考古專家，均未給出答案。

4　人民幣兌新臺幣的匯率，以二〇二三年四月十四日，臺灣銀行公告之匯率四·五〇七元為準，此約新臺幣一千三百五十二元。後續若無特別註明幣別，皆是指人民幣。

▲**圖 4-9** 「南藩海昏侯臣賀元康三年酎金一斤」。起初，因為字跡不清，「南藩」被誤認為「南海」，為什麼劉賀受封的海昏侯以「藩」為冠？對此，考古界的爭議頗多。

前面我提過，最先光顧劉賀大墓的是盜墓賊。盜墓賊在墓的正中央留下了一個長方形的盜洞，並且將槨底板都給打穿了。有意思的是，考古人員在被打穿的槨底板汙水裡，發現了兩個施工用的棉紗手套。取出手套，沉甸甸的，你猜怎麼著？手套裡裝滿了金餅！

不用問，這絕對是盜墓賊的狗腿子幹的。狗腿子的意圖很明確，待盜完大墓，老大走了，他再回來取走金餅——盜墓圈裡也有不守規矩的人！

考古人員在查看金餅時，又有一個大發現，有一塊金餅上刻有墨字：「南藩海昏侯臣賀元康三年酎[5]金一斤」（見圖4-9）。看到這麼多金餅，你肯定要問，劉賀哪來這些金餅？實際上，墓室堪稱金庫，這裡出土的金餅僅是大墓藏金的一部分。而要解答劉賀這麼多金子哪來，我們得先從「酎黃金」說起。

酎黃金史稱「酎金」。酎，在古時候是指一種開春時釀製，經過多次追加原料反覆釀，秋後成熟的酒。將酎與金混在一起是漢武帝的首創。

在漢代削藩的歷史背景下，漢武帝劉徹為了鞏固大一統，加強中央集權，下旨命各地王侯在秋後酎酒成熟之際向朝廷進獻黃金，因此叫做「酎金」。而漢武帝這招不可謂不狠，哪個王侯要是不聽話，漢武帝就

5 音同咒。

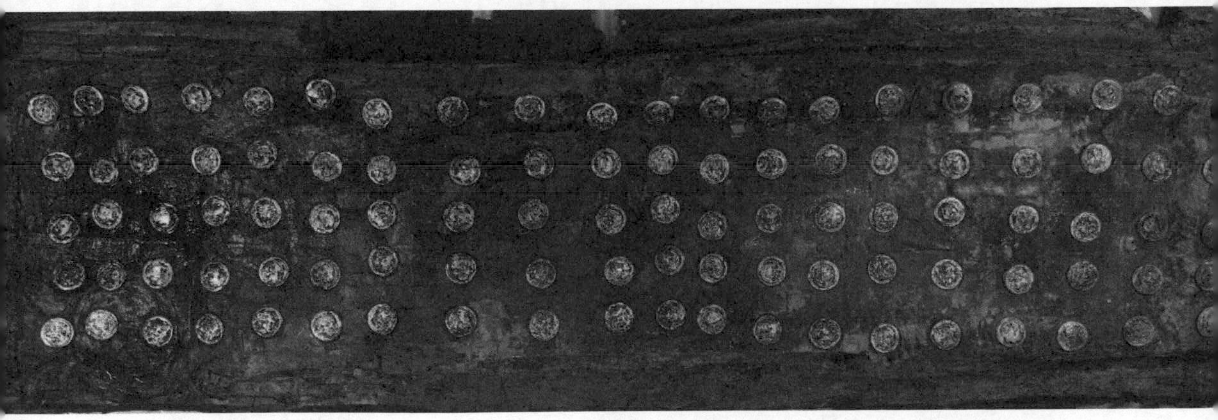

▲**圖 4-10**　不僅內槨室裡有金餅，打開劉賀的外棺，也可見金餅。揭取完鋪在劉賀身下的琉璃席，再見金餅，5 枚一列，共 20 列，劉賀身下鋪了 100 枚金餅。

會稱該王侯獻金分量不足、成色不佳，並以此為由下令削減其封地，剝奪戶籍。如此做法，「酎金」只是形式，削弱地方勢力才是真正目的，此令的實施讓那些「大逆不道」的諸侯王不再造次。

三國時期劉備的先人就是被當朝皇帝藉口獻金有誤，剝奪了貴胄[6]地位，以至於到了劉備這代落魄成小民了。

話說回來，劉賀獻給皇帝的黃金怎麼被他帶進了自己的墓穴裡？這事說起來可就令人悲傷了。

漢宣帝劉詢一直「不放心」已是忍氣吞聲、疾痿纏身、半殘廢的劉賀，有一次劉賀發了幾句不痛不癢的牢騷，被人告發，劉詢終於抓到了把柄，一道聖旨將劉賀原本四千戶的封侯活生生革去了三千。對此，劉賀不敢吭一聲，真是虎落平陽被犬欺！

海昏侯劉賀大墓裡出土的黃金數量之多，這在中國考古歷史上未見前例，而且被劉賀帶到另一個世界的不僅僅是金餅。

二〇一五年十一月二十一日，考古人員在清理大墓的內槨室時，發現出土的部分馬蹄金底部有個「上」字。對於這個「上」字，有學者推測「上」的表意為「上林苑」，因為馬蹄金是由上林苑監製的。但後來，打開外棺時，又見馬蹄金，令考古人員費解的是，這批馬蹄金不但有「上」字，還有「中」字和「下」字。由此看來，先前對「上」的推測不準確。該怎樣解釋馬蹄金的「上、中、下」呢？很可惜，及至當下，仍

6 貴族的後代。

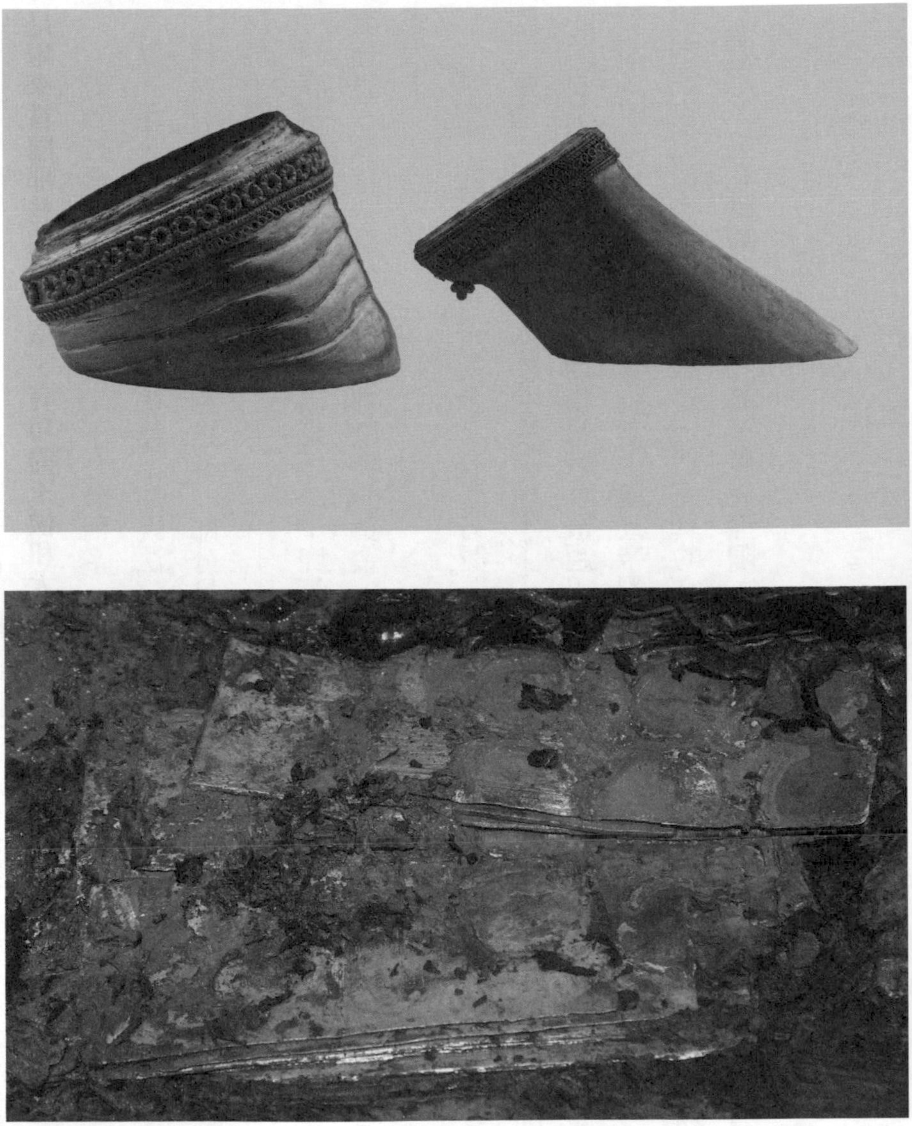

▲圖 4-11　馬蹄金（上圖左）狀如馬蹄，因此得名。上圖右為麟趾金，下圖為金板。

無定論。

除了馬蹄金，劉賀的大墓中還出土了麟趾金和金板（見上頁圖4-11）。

據說漢武帝夢中祭拜天神時曾見到麟，醒來後，漢武帝遂命人鑄造麟趾金。**麟趾金是用來賞賜那些效忠皇室、有功的王侯和大臣的**。

劉賀五歲繼承昌邑王位，十九歲稱帝、二十九歲受封海昏侯、三十四歲死在江西，究其一生，「罪惡昭彰」（史籍上的說法），並無領賞的點滴功績，但劉賀的大墓中，為何會有麟趾金？目前的推測是：一部分是從其老爸劉髆那繼承來的，一部分是劉賀當昌邑王時，宮裡賞賜的。

在劉賀的內外棺之間，出土了二十塊每塊差不多一公斤重的金板，金板上無字。劉賀僅是一個落難的侯，就有那麼多的黃金，不難想像，整個西漢王朝擁有的黃金總量有多大！

那麼，西漢哪來巨量黃金？有學者認為，這與漢武帝打通西域大通道有關，絲綢之路的暢通，促進了歐亞大陸的貿易往來——有可能，西漢的黃金大都來自天山以西。

劉賀僅當二十七天的西漢皇帝就被趕出皇宮，回到原本的封地山東昌邑，自此，劉賀沒名沒分成了平民。一晃十年，漢宣帝劉詢加封這位倒楣的前輩為海昏侯。或許劉賀根本就沒做過登基當皇帝的夢，然而真的當上大漢皇帝，卻是來也匆匆，去也匆匆，上天跌地，盡在轉瞬。急速登高，風光無限，驟然下跌，灰頭土臉。大起大落，劉賀何等委屈。

但是當他接到封侯的諭旨時，劉賀不得不舉家南下，來到當時尚屬蠻荒的江西，留居在鄱陽湖畔。

被劉賀帶進墓穴裡的黃金為什麼那麼多？原因很簡單，他的獻金資格被剝奪了，沒有了向朝廷進獻黃金的資格，從老爸那裡繼承來的黃金，加上自己當昌邑王時積攢下來的黃金，便都「壓」在自己手裡，更悲慘的是，劉賀不但沒有獻金的資格，就連去長安祭祖的權利都被朝廷剝奪了。

《論語》有言：「用之則行，舍之則藏。」翻譯成白話文是：人家用我們，我們就好好幹，人家不用，我們就低調躲著。這也是儒家宣導的處世理念。但令人唏噓的是，穿衣鏡（見下頁圖4-12）出土於內槨室，也就是劉賀在陰間的臥室，這面鏡子應該是劉賀生前擺放在居室裡的物品。每日裡劉賀盯著鏡中那張酸楚的臉，低吟孔夫子語錄，用意不言自明，聊以自慰。

劉賀被廢，史籍上說，因其荒淫，為帝二十七天，幹了一千一百二十七件壞事——劉賀的身子骨也太強了，平均一天能幹出四十多件壞事！這等惡冠難以令人信服；再有，行事荒唐的劉賀，怎麼就心繫起孔聖人？難道是因經歷坎坷而令其大徹大悟？或許，貶損劉賀根本就是撰史者的胡說八道，中國歷史，向來就是「成者為王，敗者為寇」嘛！

▲**圖 4-12**　海昏侯劉賀墓出土的孔子穿衣鏡。上面的孔子畫像，是迄今發現最早的尊孔實證。

▲**圖 4-13**　「……舍之則藏，唯我與……」這是早已失傳的孔子言論，「舍之則藏」出自《論語．述而》:「子謂顏淵曰:『用之則行，舍之則藏，唯我與爾有是夫』。」

在劉賀的內棺中，還發現了十幾個漆奩[7]（見圖4-14），漆奩是古代女子盛放梳篦、脂粉等化妝用品的梳妝盒。史籍上說，劉賀疾痿（半身不遂），整日蓬頭垢面、萎靡不振、癱坐在榻。這就怪了，活成這等模樣，他怎麼可能醉心化妝？

前面說過，現任皇帝劉詢因前任皇帝劉賀的幾句牢騷，就將他原本四千的戶籍削去了三千，如果真如史籍所說，劉賀已然是混吃等死了，劉詢幹麼還要擔驚受怕劉賀捲土重來？顯然，史籍上關於劉賀半死不活、渾渾噩噩的說法多半是在胡謅。

7 音同連。

▲圖 4-14　劉賀的內棺，頭廂處，大大小小十幾個漆奩。

▲**圖 4-15** 乳色的膏狀物，這或許是護膚品。

▲**圖 4-16** 鴿子蛋大小的瑪瑙珠。

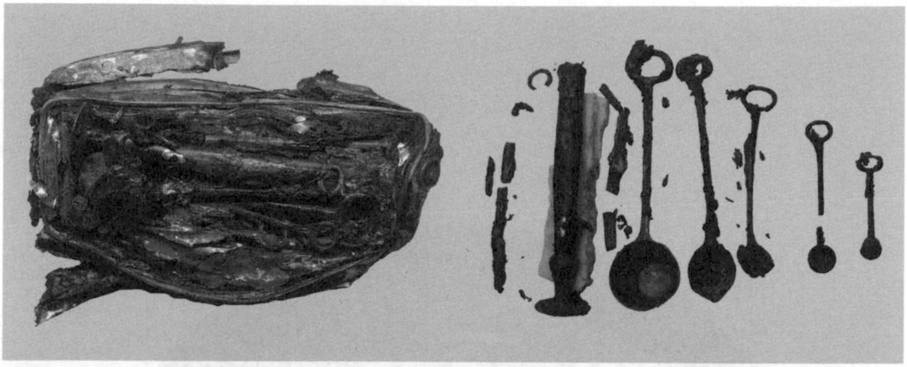

▲圖 **4-17**　大大小小的青銅勺。化妝時，各類化妝品的使用是很講究的。

▲圖 **4-18**　玉圭，通靈的神器。

▲**圖 4-19**　盛放化妝品的奩盒為漆器。實際上，劉賀死後帶到另一個世界的漆器不少，比如這個漆盤，三隻神獸首尾相接極富動感。

話說回來，劉賀是漢武帝劉徹和美得傾城傾國的李夫人的親孫子，這等關係怎麼可能造就出邋裡邋遢、奇醜無比的孫子？我推測，劉賀應該是相貌堂堂、器宇軒昂，絕對是人高馬大的美男子。

提取完劉賀內棺裡的陪葬器物，淤泥下隱現出金絲連綴的玉片——難道說，劉賀是穿著金縷玉衣下葬的？

漢代，貴族有穿著玉衣下葬的儀軌[8]，漢代人相信，玉衣能保持屍身不腐。玉衣分金縷、銀縷、銅縷、絲縷四個等級。如果劉賀身下的玉片是以金縷連綴，那麼劉賀就是穿著金縷玉衣下葬的。但問題來了，劉賀死時，他的身分地位僅是個侯，侯是沒有穿玉衣入殮資格的，這樣一來，想必劉賀在僭越漢制——畢竟人家名正言順的當過大漢皇帝，即便只有二十七天。

在清理以後，考古人員發現在劉賀頭部、腳部分別現身了十幾塊玉片。令人不解的是，玉片的外形與大小完全一致，這就怪了，玉衣有前有後、有上有下，所用的玉片不可能相同。

繼續清理，真相大白：鋪在劉賀身下的是一張席子。

8 法度規範。

當過昌邑王，做過西漢皇，死時僅是個侯，最終，劉賀終究不敢造次，沒穿玉衣下葬。不過，沒穿玉衣並不是說這傢伙已然心甘情願，不是沒資格穿玉衣嗎？劉賀打了個擦邊球，弄了張金縷編綴的玉席鋪在身下。

有專家帶來儀器測量，一量不得了，鋪在劉賀身下的根本就不是玉席，而是琉璃席（見圖4-20）。琉璃，說白了就是玻璃，在**漢代，琉璃的製作由皇家壟斷，其價值甚至遠高於黃金**。落魄的劉賀果真富得流油！在身下鋪了一張價值連城的琉璃席。有意思的是，經檢測，兒子劉充國內棺的琉璃席，與劉賀內棺的琉璃席均屬鉛鋇玻璃，但劉賀的琉璃席透光顯現出來的是灰綠色，劉充國的呈血紅色。至於為何是這樣，考古人員未能破解個中緣由。

▲**圖 4-20**　鋪在劉賀身下的是一張席子——琉璃席。

古人始終認為事死如事生，帶著這張席子到另一個世界，足以唬人。有錢能使鬼推磨，劉賀諳熟個中訣竅。

除了一張琉璃席，在劉賀的內棺裡，還出土了韘[9]形玉佩（見圖4-21）。在漢代，韘形玉佩只有皇帝才能擁有，那問題來了，劉賀的內棺裡怎麼會有這類器物？答案很簡單，是劉賀從皇宮裡「拿」出來的。偷拿皇宮裡的東西，特別是皇帝的專用物品，劉賀當真是活膩了？

回答這個問題也不難，你想想，劉賀名正言順的當上皇帝，但說廢就被廢了，這件事不管發生在誰身上，都是天大的委屈呀！心裡不痛快，順手拿些皇宮裡的東

9 音同設。

▶**圖 4-21**　劉賀的內棺裡有韘形玉佩陪葬，而韘形玉佩僅皇帝才能擁有。

西也在情理之中。

而在導演了劉賀稱帝、廢帝這齣鬧劇的霍光看來，當務之急是廢掉劉賀，並且要防止劉賀「狗急跳牆」，至於劉賀的「拿」，霍光自然是懶得跟他爭辯了。或者，這又是一場陰謀，劉賀自昌邑帶來的兩百零三個隨從，被霍光砍了兩百個，劉賀被黜，臨出皇城時，連個伺候穿衣戴帽打鋪蓋卷的人都沒有，於是，霍光派人幫劉賀收拾行囊，趁劉賀不注意，將韘形玉佩塞進劉賀的行囊，霍光這麼做不可謂不毒辣，日後如果劉賀敢有復辟之心，僅憑著幾枚韘形玉佩，霍光就可以治劉賀的死罪。

愛吃香瓜，臨死也要吃？

現在我們再來聊聊劉賀的死。

為了傳宗接代，一些植物的種子進化出了抗酸性和耐腐蝕的生物特性，瓜果被動物吃下肚，其中的籽被排泄出去，種子被散播開，這一物種的繁殖就有了保障。江西的土壤呈酸性，劉賀的屍骨蕩然無存，但在其棺內，小小的瓜子歷經兩千多年的掩埋卻是光鮮如初（見左頁圖4-22）。

考古人員發現，在劉賀的肛門處出現了香瓜子，這說明了兩點：其一，劉賀去世的前一天吃了香瓜；其二，漢代沒有保鮮設備，劉賀去世時正值香瓜成熟的季節，而他

▲圖 **4-22**　劉賀內棺沒有找到生殖器玉罩，卻見到了香瓜子。

▲圖 **4-23**　提取自劉賀腹部的陪葬器物，一堆極為精美的小玉件。

所在的贛北地區香瓜成熟於六月，因此，劉賀死在初夏的六月。去世的前一天還能吃香瓜？不可思議！接下來的挖掘，再次叫人咋舌。

提取陪葬在劉賀腹部的小玉件（見上頁圖4-23），需要趴在懸空、架在棺柩之上的木板上（見第一一二頁圖4-31），一點一點的剔除淤泥。一天，實驗室裡靜極了，忽然，有一名工作人員大叫起來：「啊！快來看，這是什麼？」聞聽叫喊，大家圍攏了過去，只見竹籤的尖頭上黏著一枚香瓜子，與先前出土於劉賀肛門處的一模一樣。

再行查找，淤泥下竟然還有二十幾枚香瓜子——劉賀不但在去世的前一天吃了香瓜，在死去的當天也吃了香瓜，命都快沒了，劉賀怎麼還那麼貪吃？

照理說，衣食無憂、病懨懨的劉賀，臨死前如果「迴光返照」、胃口大開，吃點別的不行，偏要吃香瓜？接下來的挖掘，還有更不可思議的呢。

考古人員挖掘了三天後，提取陪葬在劉賀脖頸處的文物時，竟然在其食道又看到香瓜子！肛門處的香瓜子是去世前一天吃下去的，胃裡的香瓜子是撒手人寰的當天吃下去的，食道裡的香瓜子呢？臨近斷氣，他還嚼著香瓜！劉賀為何如此貪食香瓜[10]？這一疑問令人背脊發涼。

假設一下，劉賀的食道、胃、肛門處的香瓜子也被注入了毒素……長期進補有微量毒素的長壽藥，可以強化劉賀的抗毒機理，頭一天吃下去的香瓜沒能結束他的性命，第二天一早，再吃，還是沒死，中午再吃，終於死了。不排除這樣的可能：劉賀是被人逼著吃香瓜而結束性命的。

之所以做出這一推測，是根據接替劉賀當上西漢皇帝的劉詢，與劉賀的鋒芒畢露截然不同，劉詢對霍光低三下四、唯唯諾諾，凡事只會說一句話：「聽大將軍的。」然而，霍光一死，劉詢凶相畢露，眼都不眨一下將霍家千餘口一股腦兒的全砍了，根除了霍氏威脅。可是劉詢仍不放心，前任劉賀當真心灰意冷了嗎？於是，劉詢想起了在香瓜裡注毒這一惡招——不過，這僅是推測，至於說，劉賀到底是不是因為吃了毒瓜而死，這需要對瓜子做毒理檢測以後，才能做出確切的認定。截至本文完稿，毒理檢測還未驗出結果。

漢代，但凡有點身分的男人出門時，都要在腰間掛上一把劍，這是當時的一種時尚，更是儀軌。佩什麼樣的劍最能反映此人的身分和地位？話說到這你也許會問了，像劉賀這種當了二十七天皇帝便被廢黜的人也能佩劍嗎？回答是肯定的，雖然帝位被黜，連進都祭祖的權利都被剝奪了，但還是可以配劍。

劉賀大墓裡特別設了一個兵器庫，內存刀、槍、劍、戟、鎧甲、盾牌等大量兵器

10　江西靖安，在挖掘海昏侯大墓的數年前發現了一座春秋大墓，墓裡陪葬著四十幾位少女，這些人中有二十多位胃裡也有香瓜子。經查，香瓜子有劇毒！少女們是吃了有毒的香瓜而斃命，她們是被毒死的。

▲**圖 4-24**　銅劍、鐵劍，長的、短的，放在這間實驗室裡亟待修復的就有48 把。

▲**圖 4-25**　這把劍出土於劉賀的內棺，是劉賀的隨身兵器。瑪瑙的劍格，色彩斑斕，晶瑩剔透。

（見右頁圖4-24、圖4-25）。劉賀收集這麼多兵器幹麼？沒人說得清。

在考古人員挖掘墓室的過程中，出土了一盒怪異的陪葬物品，經查，疑似冬蟲夏草。中國人是什麼時候認知到，這種生長在青藏高原的神祕生物的奇異藥效？挖掘海昏侯劉賀的大墓，學者們有了重大發現。

史籍上說，劉賀身體不好，患有疾痿，為此，平日裡他很熱衷進補各類補藥。後經儀器測定，這種似冬蟲夏草的物品，其實是地黃，這是迄今出土最早的中草藥（見下頁圖4-26）。然而熱衷進補卻沒有增壽的劉賀，僅三十四歲就死了。

漢期時代，宮廷裡的御用醫生被稱為「醫工」。那麼下頁圖4-27中提到的「五禁湯」又是何物？我們先弄明白什麼是「五禁」。中醫指出，**若患氣病、血病、骨病、肉病、筋病者，應分別禁食辛、鹹、苦、甘、酸五類食物，因此稱為「五禁」**。

所謂「五禁湯」，是指五味皆禁的湯藥。五味皆禁，以此看來，劉賀病得不輕。史籍上說，劉賀二十六、二十七歲時便鬢毛稀疏、行為呆滯、萎靡不振，因偏枯之病致肌肉萎縮，行走不便。以「五禁湯」漆盞陪葬，劉賀在另一個世界裡仍舊需要治病啊。

前文中，我提到過一位同行、一位特別傳奇的人物——楊軍，我對他的行為思想很感興趣，尤其是這位考古隊長近乎較真的工作態度，以及有別於常人的處世理念。

這天，考古實驗室又有了重大發現。每逢有重大發現，工作人員都會在第一時間打電話給楊軍。不到二十分鐘，楊軍滿頭大汗的趕來了。從墎墩山上到考古實驗室，抄小

▲**圖 4-26**　挖掘劉賀大墓，珍奇異寶太多了，以至於這個漆木的盒子出土時並沒有引起考古人員多大的關注，後來，從事植物考古的專家來到海昏侯考古工地，才發現不得了。初步認定，盒子裡的東西有可能是冬蟲夏草，後來經過儀器分析是中草藥地黃。

▶**圖 4-27**　醫工「五禁湯」漆盤，這件器物的用途很明確，用於喝湯，喝的是醫工開的五禁湯。

▲圖 4-28　海昏侯墓園裡的車馬坑，這是江南地區首次發現的真車馬陪葬。

路十來分鐘就能到。果不其然，楊軍又穿上那雙破得不能再破的運動鞋。他耽擱了幾分鐘，因為他從考古工地跑回駐地換鞋了。

進了實驗室，楊軍迫不及待的跑到劉賀的棺材旁。順便說一下，現場挖掘時，劉賀的棺材體積很大，而且棺外出土了包括韘形玉佩、金板等陪葬器物，可以肯定的是，內棺的陪葬也不會少。但這次讓楊軍換「幸運鞋」的重大發現，既不是價值連城的玉器，也不是擁有無限文化價值的簡牘，而是……待會再說。

前面我們提到過漢代的貴族死後，會以玉加身，最高等級的會穿玉衣下葬，等級低一些的會在死者身上和身下覆玉璧。劉賀是廢帝，沒有穿玉衣下葬的資格，但可以玉璧加身，因此考古人員在打開棺材時，發現劉賀從頭部到腹部，滿是玉璧，大大小小有十幾枚。

直到有一天，趴在木板上做玉璧細部微距拍攝的考古隊員忽然像被黃蜂螫了一般，慌亂的跳下木板——照相機的彩色螢幕展現出了令人驚詫的畫面——整齊的一

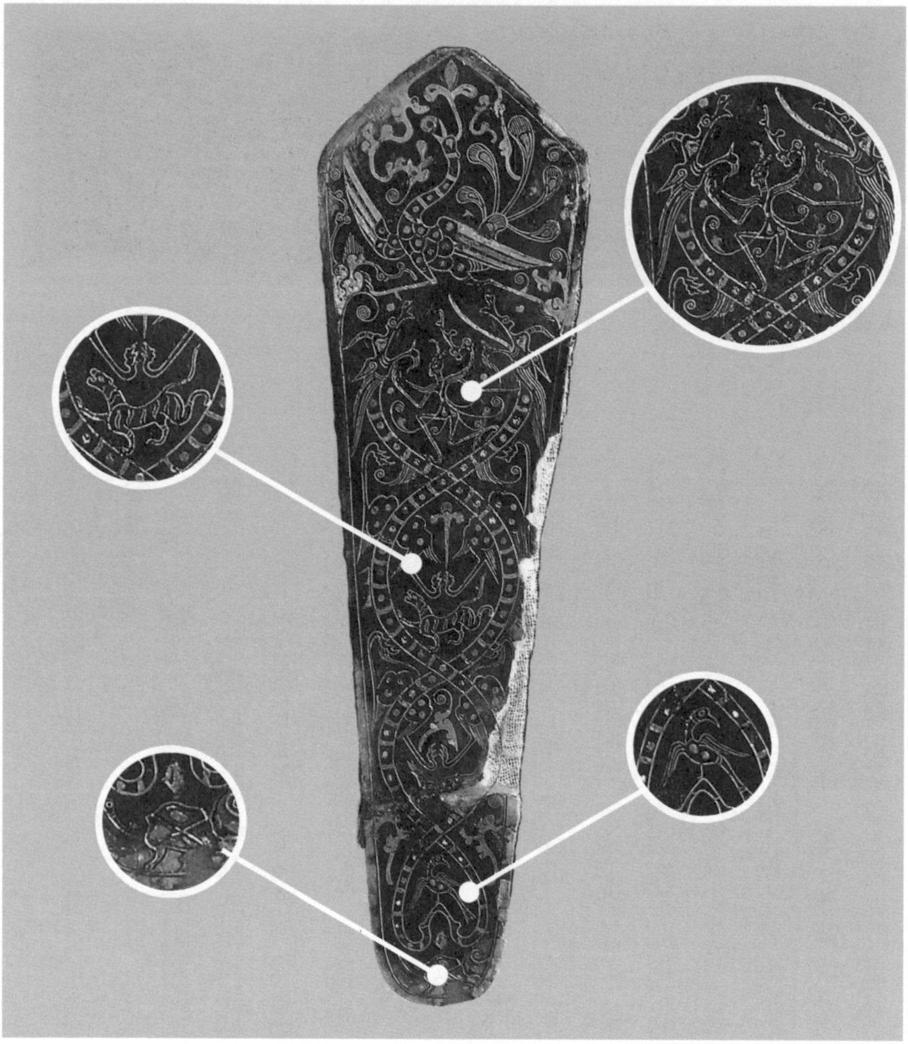

▲**圖 4-29**　海昏侯墓葬出土的當盧（馬頭部的飾物），整體圖形取材四神，有龍、虎、雀、玄武，構圖活潑嚴謹、飄逸、灑脱。虎頭高昂，長尾如鞭，氣勢洶洶，神鳥亭亭玉立，蛇纏著烏龜。青龍、白虎、朱雀、玄武，四瑞齊備。為什麼要將四瑞刻畫於當盧戴在馬頭上？這個疑問值得推敲。

口大牙。

聽聞發現了牙，楊軍立刻跑到實驗室來。牙又不是什麼值錢的東西，為什麼楊軍會這麼激動？照楊軍的說法，這可是迄今發現的唯一一口帝王牙呀（見圖4-30）！

考古發現並不像局外人想像的那樣，只看到文物的商業價值，考古人更關心的是文物的學術價值。這麼說吧，有的時候，一塊陶片的學術價值或許並不比兵馬俑差，比如，考古人員在江西萬年縣的吊桶環遺址發現了距今兩萬年的陶片，被確認是迄今發現最早的人類製陶實證，這一發現將人類製陶史提前了近萬年。為什麼說劉賀的牙出土屬於重大發現？因為根據劉賀的牙，考古人員有了重新審視史籍、還原歷史真相的機會。

沒過幾天，社科院考古所、復旦大

▲**圖 4-30**　一枚覆在劉賀臉上的玉璧，用極品和田白玉製作而成。出土了一個星期，每天都有專家圍著這枚玉璧議論紛紛，眼神不好的人，鼻子都快貼到玉璧上了，但玉璧中的驚天大祕密——一口帝王牙，卻沒人看到！

學、吉林大學的DNA檢測等專家相繼進入實驗室，各自採集了一顆牙帶回去研究。日後，如果偵測檢查的結果能夠出來，將破解很多疑問，比如，劉賀的死因、他的健康狀況，以及劉賀是單眼皮還是雙眼皮、頭髮的顏色，再有就是，當今的劉姓，如果誰敢自詡種姓純正，對不起，和劉賀的DNA比對一下，便可知曉你的「劉」純不純了。

楊軍邀請以上三個單位的專家分別採集劉賀的牙，這是考古的慣例，目的在於日後檢測出來的結果、資訊等，如果至少有兩家雷同，那麼研究結果就是可信的了。然而，事與願違的是，因為酸性土壞的侵蝕，劉賀的牙中所包含的DNA資訊都已喪失殆盡，三個單位都沒能檢測出令人滿意的結果。請DNA檢測專家前來

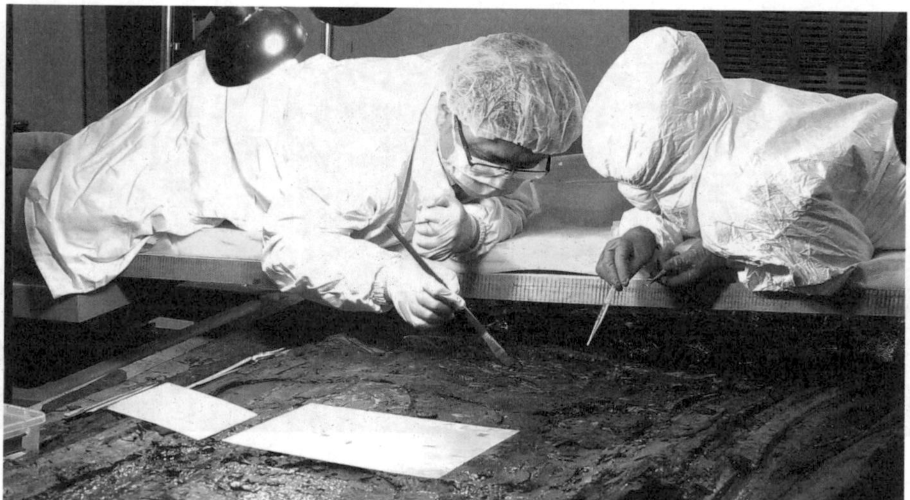

▲圖 4-31　考古人員全副武裝提取牙齒，為的是不對牙齒造成二次汙染。

採集並檢測劉賀的牙，楊軍還有一個意圖，即是建立中國劉姓族譜的基因系統，劉賀的DNA無疑是最為純正的劉姓基因了，但這一點，楊軍也未能如願。

三個單位採走了三顆牙，剩下的牙緊閉著，考古人員猜測其嘴裡會不會有口含[11]？楊軍決定，待稍事脫水以後再開啟劉賀緊閉著的牙。

一年以後，劉賀的嘴微微張開了。去除嘴裡的泥土，果見神奇。此番再一次令楊軍激動得手足無措，不過他沒穿那雙幸運鞋來，因為有人在打掃考古隊駐地時，趁楊軍不在，把鞋扔了，而且還扔到他找不到的地方。幸運鞋沒了，楊軍的好運仍在，這不，又有了重大發現——印面刻著「合歡」的口含（見下頁圖4-32）。

劉賀被封為海昏侯之後，上任不到五年便死了，死在三十四歲。劉賀先為王，後為帝，再為民，末了被「發配」到當時尚屬蠻荒的鄱陽湖畔，當起了海昏侯，劉賀的人生雖是起伏跌宕、窩窩囊囊，但他的生育能力卻是超好，十男十女，一共生了二十個孩子。

實際上，將劉賀分封到江西，也難以消除時任皇帝劉詢的戒心，他擔心劉賀復辟

11　口含通常是含玉器物品，因為古人認為玉有靈性，口中含玉，可保護屍身不腐。除防腐外，還可防災，含玉被認為是吉瑞的徵兆。雖然名為「口含」，但並不一定是含在死者的口中，口、耳、鼻，甚至肛門和生殖器都有可能放置。

▲**圖 4-32**　劉賀的口含，竟是一枚印章！鐘形，獨此一家，算是另類的口含了。印文：合歡。

▲**圖 4-33**　以鐘形印為口含不算啥，還有更扯的。這枚玉器是劉賀的肛塞，這也是「非專業」的，它顯現著典型的春秋文化特質，不過足以令人啼笑皆非——古人的一件把玩物品竟然被用作肛塞！

之心不死，便派大臣隨時監視劉賀的一舉一動。大臣所見，劉賀每天沉溺酒色，病懨懨的。當朝皇帝得知劉賀的狀況，便不再擔心了。有可能是為了掩人耳目，不致再遭不測，劉賀乾脆沉溺酒色，直到死去。至於說「合歡」口含是劉賀的心態真實寫照，還是被人惡作劇有意塞進他嘴裡，「這事兒，」楊軍說：「值得推敲。」

劉賀的大墓和墓棺陪葬之奢華令人驚詫，他的嗣子（嫡長子）劉充國的墓棺同樣讓人瞠目。劉充國的墓位於劉賀墓的正北方，挖掘時被定為五號墓。

挖掘劉充國墓棺之前，考古人員曾對四號墓的墓棺做了實驗室挖掘，令人不解的是，棺中僅有兩枚銅鏡陪葬。那麼五號墓棺的陪葬會是怎樣的呢？剛揭去棺蓋板，考古人員就有了驚喜，泥水裡露出了一個漆器。**漢代，漆器的價值高於黃金**，有漆器陪葬，有可能意味著內棺的陪葬層級低不了。清理內棺裡的淤泥過程中，實驗室裡的驚喜不斷（見下頁圖4-34）。

在海昏侯劉賀嗣子劉充國的五號墓棺裡，劉充國的左右手各握一枚馬蹄金和玉劍璏[12]。馬蹄金與玉劍璏放在一起（見第一一七頁圖4-35），金寓意財富，玉象徵品德，財德俱全，劉賀的用意很明確——希望劉充國財德俱全。

12 音同志，用來佩戴和穩固劍體的工具。

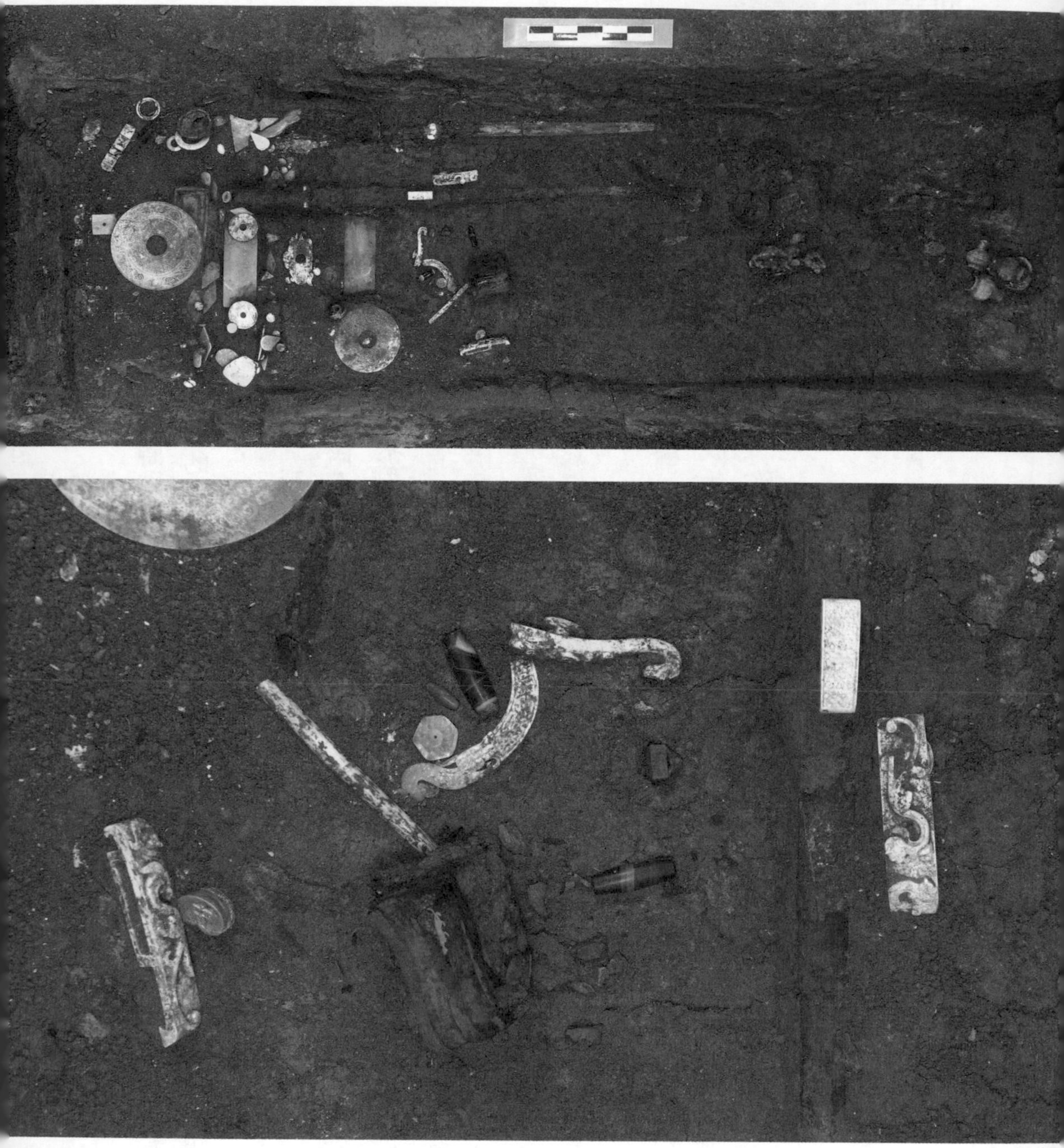

▲**圖 4-34**　上圖：劉充國墓室裡的陪葬雖説難和老爸劉賀的相提並論，但也堆滿了器物。下圖：劉充國 5 號墓棺內的物品。

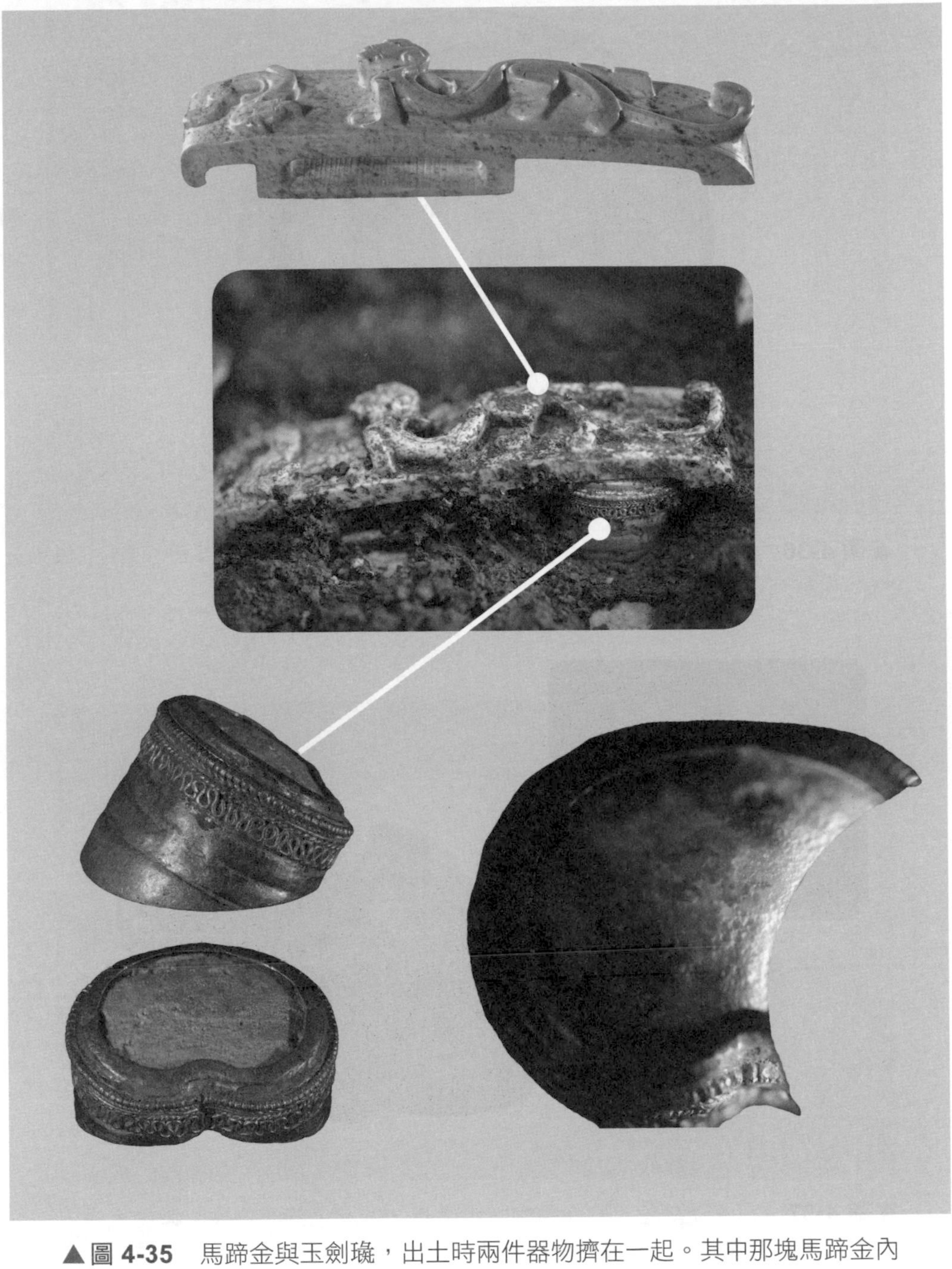

▲**圖 4-35**　馬蹄金與玉劍璏，出土時兩件器物擠在一起。其中那塊馬蹄金內嵌琉璃，光照下，呈現翠綠色。

▲**圖 4-36**　銅鏡。這是一面男女定情的相思鏡，「久不相見，長毋相忘」，專家推測劉充國死時尚在童年，會跟哪家姑娘「長毋相忘」？

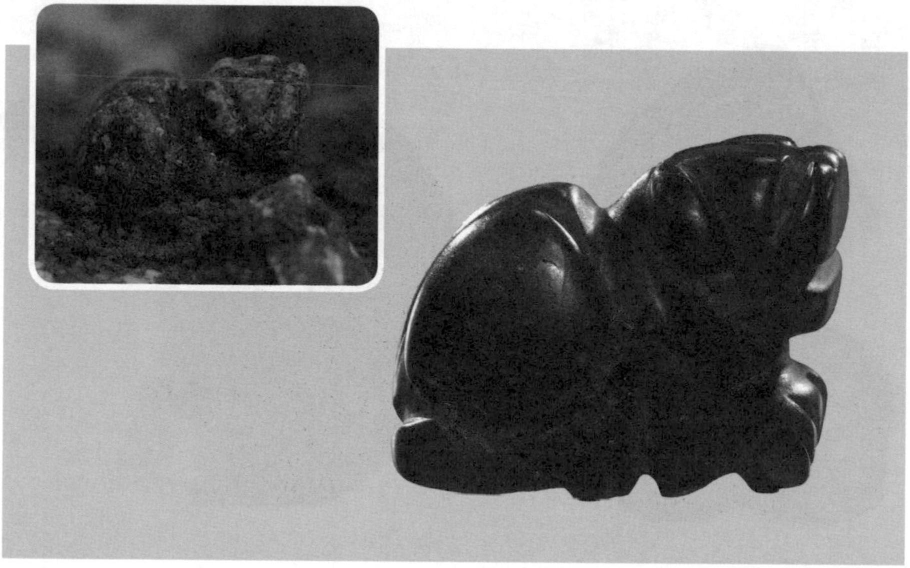

▲**圖 4-37**　在 5 號墓棺，劉充國的胸口處有一個黑色的小物件。考古人員提取出來，拭去泥土，是一隻小巧、稚萌的小老虎。小虎由琥珀中的極品血珀製作而成，逆著光看，剔透晶瑩如同血浸一般，稚萌、生動。

考古人員推測，或許劉賀真的「賊（帝）心不死」，幻想著有朝一日復辟，即便自己坐不上龍椅，兒子如果有機會回到長安登基稱帝，也能抹平壓抑在自家心頭許久的那份鬱憤；然而，現實是殘酷的，老爸劉賀尚未接任為侯，兒子劉充國就死了[13]，更甭提登基為劉賀掙回面子了，於是，不但劉賀死時帶著韘形玉佩下葬，連嗣子也帶上了皇帝專屬的玉器進入地宮。至於說，劉賀父子在另一個世界是不是如願當上了皇帝，這事，正史和野史都未提到過。

根據《史記》記載，劉賀死後，按理說兒子劉充國繼承侯位，但上報的文書還沒送到長安，劉充國就死了。出身名門，劉充國連個落魄的海昏侯都沒能當上。接下來，再報劉賀另一個兒子劉奉親繼承侯位之事，可是皇帝恩准的諭旨尚在趕回江西的路上，劉奉親也死了。

劉賀早亡，兩個兒子也相繼去世，就此，有大臣上奏皇帝，信誓老天不容海昏國，應將其取締，當朝皇帝聽信此言，御筆一揮，將海昏國自皇家典籍上剔除了。再後來，新登基的皇帝為顯隆恩，重封劉賀的孫子為海昏侯。

13 有專家結合文獻及棺內陪葬物的位置，推測劉充國下葬時未成年，且可能死於劉賀之前，這與《史記》記載的有所出入。

在大墓中，考古人員發現了一個菸盒大小的漆盒。起初，因為漆盒已被壓扁，變形嚴重，考古人員對漆盒裡藏著什麼並沒有抱多大希望。開啟漆盒時，裡面滿是泥漿。為了文物的安全，考古人員以水沖拭，忽然，竹籤頭上陸續現身了如圖4-38這幾件精美的器物，左上角的螭虎是由極品血珀製作而成，右上角的小件也是用上好的和田玉製作的，至於下面兩個類似花瓶的小件，方形的依鈁[14]而製，圓形的依尊而製，細細觀察，這兩件器物像是牙雕。

最後咱們來欣賞幾件出土於海昏侯大墓的美麗文物吧。

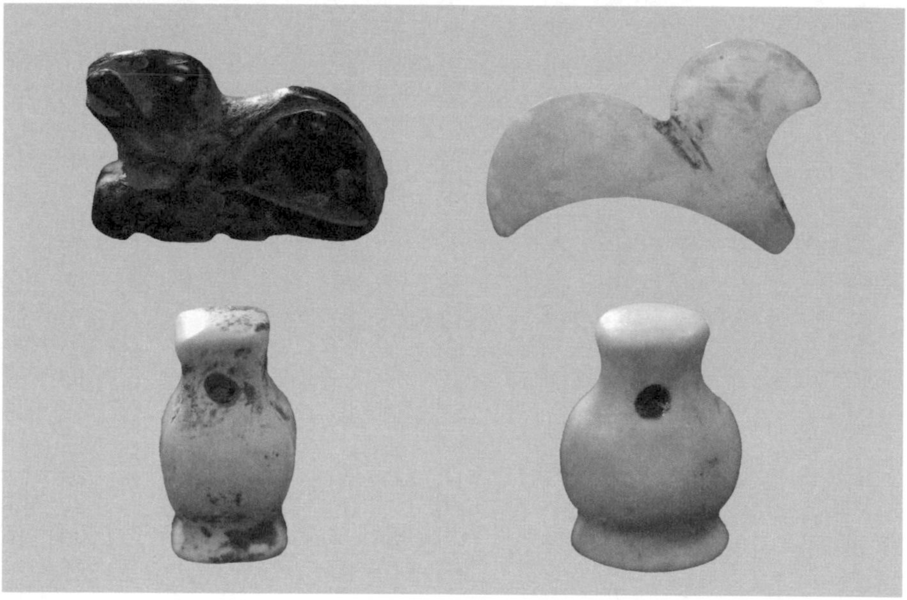

▲**圖 4-38**　黃豆大小的小器件，現身於一個菸盒大小的漆盒裡。器身有小孔，這應該是一組掛件。

▲**圖 4-39**　左圖：蠶豆大小的瑪瑙貝。商代以貝為幣，周以後，青銅鑄錢逐漸取代了貝幣，貝失去了貨幣功能，再後來，貴族常以美石雕琢成貝，或許意在祈望多財吧。右圖：雞蛋大小的瑪瑙珠，如此體積，實屬罕見。

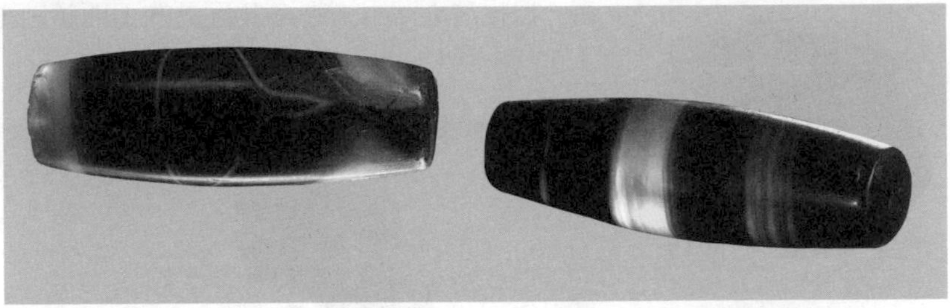

▲**圖 4-40**　纏絲瑪瑙掛件，晶瑩剔透，美輪美奐。

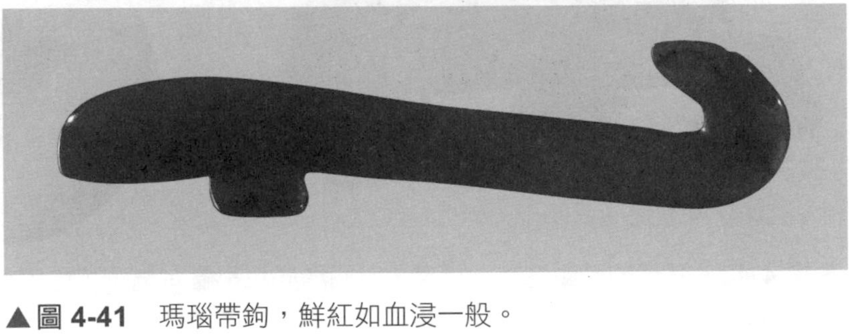

▲**圖 4-41**　瑪瑙帶鉤，鮮紅如血浸一般。

14 音同方，古時一種方口的量器。

▲**圖 4-42**　上圖：青銅動物玩具。下圖：野豬的鬃毛一根根清晰可見，鑄造此玩具的工匠絕對是高手。

▲**圖 4-43**　猛虎的脖頸處有一小環，四個腳底板都置有輪子，尾巴有明顯的被磨損的痕跡，這是劉充國拉扯的玩具。

▲**圖 4-44**　上圖：青銅帶鉤，鳳頭，弓起的腰身上鑲嵌著瑪瑙、綠松石。下圖：六稜水晶掛件，鴿子蛋大小。

▲**圖 4-45**　海昏侯大墓考古挖掘現場影片（左為上集，右為下集）。

第五章

紅山文化遺址

命運多舛的國寶——黃玉龍

考古工作常是不可思議的，有時費盡周折，但到頭來，卻陰錯陽差、手到擒來，借用央視熱播的《舌尖上的中國》裡的一句話：廚房的祕密就在於沒有祕密。那考古呢？是有，還是沒有祕密？對此，多數考古人不會直接回答，因為，不好回答。

經旗文物管理委員會（以下簡稱文管會）主任賈宏恩（老賈）的手，碧玉龍「被賣給了」國家博物館，然後他再經手，黃玉龍成了國寶級文物，也成了翁牛特旗的鎮旗之寶。這件事的祕密要從一九八六年初秋說起。

一天，老賈正準備下班，忽然有人敲門。來人是僅跟老賈有幾面緣，旗檢察院[1]的一名職工。老賈覺得奇怪，連忙將人請進屋。進屋後，還沒說明來意便從口袋裡掏出一張皺巴巴的紙遞給了老賈。老賈接過紙一看，不禁倒吸一口氣。來人開口問：「圖是依照器物拓下來的，請你幫忙看看值多少錢？」一九八〇年代那時，市面上少有假文物流行，老賈意識到，圖依據的文物絕非尋常。而老賈怎麼會有這樣的想法？因為有過「前車之鑑」。

時間再往前推，話說一九八二年春天，在三星塔拉村，那時還沒實施包產到戶[2]政策，改土造田全村勞力一起出動。有個叫張鳳祥的村民，趁眾人不注意，跑到一道土坎下不足半公尺的小坑裡躲了起來。

剛坐定，忽然覺得身下有些硌[3]得慌，伸手一摸，是一件彎彎的、墨綠色的豬頭蛇身玉器。後來，張鳳祥把自己撿到的玉器交給旗文管會，再後來，國家博物館向各地基層文物保護單位徵調文物展出，這件玉器被定名為紅山文化碧玉龍（見下頁圖5-1）。

一天，老賈接到了國家博物館的電話，電話那頭與老賈商量，能不能將玉龍捐獻給國家博物館？國家博物館當然不會白要翁牛特旗的這件文物，會給旗裡兩萬元的獎勵。兩萬元在當時可算是鉅款了，老賈馬上將這件事彙報給旗裡的主管，主管當即拍板，同意將玉龍捐給國家博物館，並要求趕緊辦妥兩萬元的事。老賈生怕國家博物館變卦，連夜坐火車趕到北京。在國家博物館辦完交接手續，帶著錢回了翁牛特旗。

過了兩、三年，隨著地方經濟不斷好轉，和人們文化意識的提高，上自旗的主管，下到一般幹部都信誓旦旦，覺得碧玉龍只換回兩萬元虧大了。但是，後悔也沒用呀，這時的國家博物館已經將碧玉龍當作鎮館之寶，這會兒就是翁牛特旗拿出二十萬元、兩百萬元，也不可能將碧玉龍「買」回來了。碧玉龍歸入國家博物館，老賈是經手人，每次想起這事，老賈都感到糟心[4]，後悔死了。

1 內蒙古自治區庫倫旗人民檢察院。
2 家庭聯產承包責任制，是中國在改革開放初期於農村推行的一項政策。按每戶人口及勞力承包耕地，繳納稅賦及公社公積金後，剩餘的收成全歸農戶所有，以鼓勵農民積極生產。
3 音同各，指碰到堅硬不平的東西而引起損傷或痛苦。
4 煩心、事情不如意。

眼下，有人送上門請他鑑定文物的真偽，什麼叫「得來全不費工夫」？這就是。即便是又遇到了天大的好事，為了穩住來人，老賈不動聲色的對來人說：「光看圖看不出真假，得看實物才能得出結論。」這時，來人說了實話，圖上的文物不是他的，而是他遠房親戚的。來人求老賈等一會兒，他回去將實物拿來。老賈說：「好吧，我等你。」十來分鐘後，這位檢察院的工作人員背著一個舊書包回來。

來人從書包裡掏出一個破布包，打開布包，真傢伙露了出來。老賈定睛一看，不禁

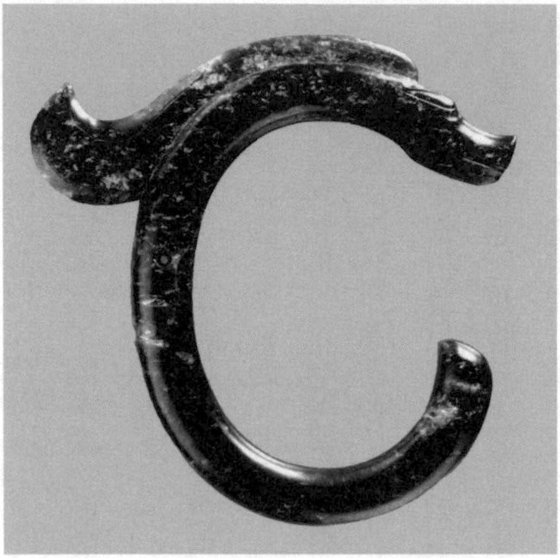

▲**圖 5-1**　碧玉龍，國寶級文物，國家博物館的鎮館之寶。

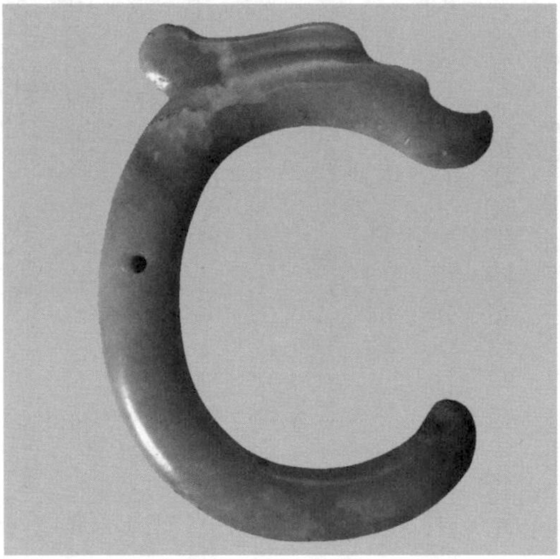

▲**圖 5-2**　黃玉龍，內蒙古翁牛特旗的鎮旗之寶[5]。

又吸了口氣，眼前的文物當真又是一條玉龍，但並非之前的墨玉，這次是黃綠色的（見右頁圖5-2）。事情大條了，但老賈不能暴露驚喜的心情，他沉住氣，淡淡的說：「我得細看才能看出它的身價，你先將這件東西放我這，過兩天還你。」來人同意了老賈，謝過後便起身離開文管會。人剛走，老賈立刻包好玉龍，重新裝進來人背來的舊書包裡，起身出了屋，直奔火車站，再次去了北京。

第二天一早，不顧一夜的勞頓，老賈沒去已經熟門熟路的國家博物館，而是跑到社科院的考古所，他連夜跑到這，是為了面見頂尖的專家——蘇秉琦。

蘇秉琦是中國考古界泰斗級專家。抗日戰爭時期負責監管轉運到大後方的文物，近水樓臺，蘇秉琦藉職務之便，閱讀了包括歷代陶片在內的大量文物，對紅山文化遺物有著獨到的見解。

蘇秉琦看到老賈拿來的黃玉龍，眼睛一下子都亮了起來。仔細查看黃玉龍以後，蘇先生叮囑劉觀民研究員為老賈帶來的文物寫下身分證書（見下頁圖5-3），認定黃玉龍屬稀世的紅山文化國寶級文物。

5　關於這件國寶級文物，它的前世，是考古學家探究的事；它的今生，非常離奇。小小的一個旗裡竟能出兩件紅山文化國寶級文物，這本身就值得大書特書。

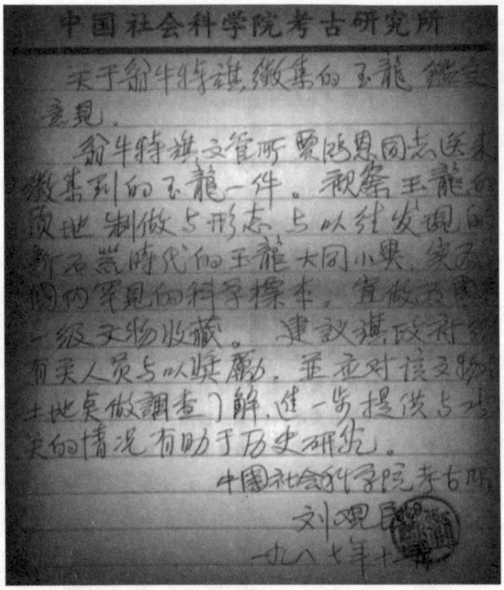
中国社会科学院考古研究所

关于翁牛特旗征集的玉龙鉴

意见。

翁牛特旗文管所贾鸿恩同志送来

征集到的玉龙一件。视察玉龙的

质地、制做与形态与以往发现的

新石器时代的玉龍大同小異，实为

国内罕见的科学标本，宜做为国

一级文物收藏。建议旗政府

有关人员予以奖励，並在对该文物

出土地点做调查了解，进一步提供与此

有关的情况有助于历史研究。

中国社会科学院考古所

刘观民

一九八七年十

▲圖 5-3　證明文件。此文件為黃玉龍驗明正身，自此，黃玉龍有了國寶級文物的身價。

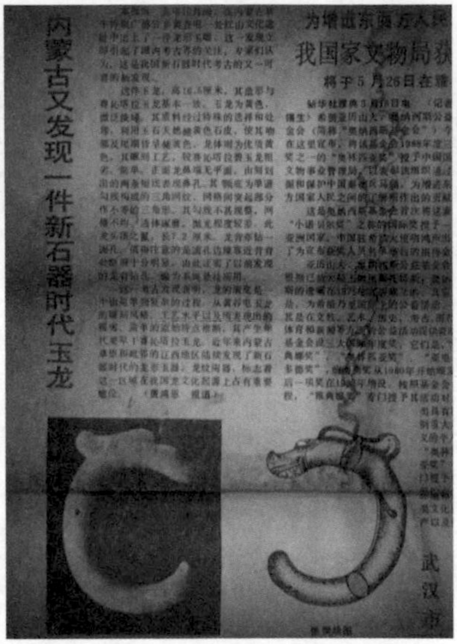
内蒙古又发现一件新石器时代玉龙

为增进东西方人民

我国家文物局获

将于5月26日在

武汉

▲圖 5-4　2010 年，老賈寫了一篇介紹黃玉龍的文章登載在《光明日報》上。

回到翁牛特旗，老賈向旗的主管彙報了在北京的收穫，此一番與前番「出賣」碧玉龍截然不同，主管下令，不惜一切手段都要將黃玉龍留在翁牛特旗。秉承主管的指示，老賈找到旗檢察院的那位工作人員，言明依照法律規定，黃玉龍應收歸國有。旗檢察院的那位工作人員倒也通情達理，向委託他找老賈鑑定的那位親戚，說明了旗裡的意圖，當時，黃玉龍的持有人沒說什麼，而且拒絕接受老賈代表旗裡獎勵給他的兩百元。就這樣，國寶級文物紅山文化黃玉龍成了翁牛特旗的鎮旗之寶。

一件國寶級文物連出處都說不清，讀者的質疑也不足為怪。對此，國家文物局、社科院考古所責令翁牛特旗文管會，務必查清出土地點。為此，旗裡特地成立了一個以文化局高局長掛帥的調查組。

顛沛流離的國寶

想要搞清楚黃玉龍的出處，第一步需要找到黃玉龍的原持有人。

老賈找到了曾經求他鑑定文物的那位旗檢察院的工作人員，那人告訴老賈，黃玉龍的原持有人叫李景榮，是他的遠房親戚，住在本旗的鄉下。

調查組直奔李景榮住的村子，然而，調查剛起步就遇到瓶頸了。村民告訴調查組，李景榮兩年前就舉家搬離了村子，搬到旗裡去，至於住在哪？沒人知道。

既然李景榮搬到旗裡，找起來就不會太困難。回到旗裡，調查組來到旗公安局，但是，查遍了戶籍，就是沒找到！李景榮像是人間蒸發了一般。尋找李景榮成了橫亙在調查組面前越不過去的門檻，且這道門檻一橫就是兩年！

常言道「踏破鐵鞋無覓處，得來全不費工夫。」這天，下了班的調查組負責人高局長回到家，剛進大門，突然聽到郵差喊：「李景榮！李景榮住這嗎？」

李景榮？這名字怎麼這麼熟？高局長呆呆的站在原地，這時，一樓右邊的房門打開了，「我就是。」應聲的人是幾乎每天都會和高局長打招呼的李老頭。

高局長定了定神，待李老頭收過郵件，他輕聲叫了聲：「李老頭。」李老頭愣了一下，回過身，問：「有事嗎，高局長？」

高局長一字一句：「你叫李景榮？」

李老頭茫然道：「是呀。」

苦苦找了兩年多，李景榮竟然就住在自己家樓下，而且是常打招呼的老鄰居！後來工作組上門拜訪他時，看到他的額頭上有好幾個拔火罐留下的罐印，李景榮說他最近老是偏頭痛，才會在前額上拔火罐試試。李老頭怎麼會突然偏頭痛？我猜他是知道黃玉龍的事，眼睜睜看著幾億的錢沒了，這事不管誰都會頭痛！據說，就在高局長找到李景榮的前幾天，曾有文物販子找上門，出價兩億元收購黃玉龍。

「李老頭呀李老頭，可找到你了！好你個李老頭！」高局長語無倫次了。

李老頭心裡肯定納悶：平日常碰面的高局長是怎麼了？「你找我幹麼？」

「說來話長，進屋聊可以嗎？」

「可以。」李老頭帶著高局長進了自己家。

「你喝什麼茶？」李老頭問。

「不喝茶，白開水就行。」高局長自顧自的坐下來，眼睛一直沒離開李老頭。

李老頭被高局長盯得有些不自在，「你一個當官的，找我這小老百姓幹麼？」

「你是不是曾要一個親戚拿著一個黃玉龍到文管會鑑定過？」高局長迫不及待的開門見山。

聽完高局長這話，李老頭原本堆笑的圓臉頓時拉長了，「有過這事，那龍拿去了就沒再回來。」李老頭怨憤的說。

李老頭這話沒錯，我們前面說過，文管會的老賈把黃玉龍拿到北京，請專家蘇秉琦鑑定後，黃玉龍便被收歸國有，收藏進了旗博物館。為了這事，老賈向旗裡申請了兩百元作為對李老頭「獻龍」的獎勵，但李老頭拒收。他非但沒有接受旗裡的獎勵，還一紙訴狀將旗文管會連同老賈告上了法院，討取黃玉龍。

翁牛特旗法院判決：李景榮敗訴，法律依據是，所有出土的文物均歸國家所有。

李老頭不服，再告，這次是跑到赤峰市法院告的狀，令李老頭失望的是，又遭敗訴。李老頭還是不服，索性跑到自治區呼和浩特，但是，再敗。

三次狀告、三次敗訴，這事雖說過去許久了，但時間越久，李老頭越是鬱悶，不用我說，你也能悟出個中原因。據說，二零零幾年時，曾有人煽動李老頭到北京再告，如果能要回黃玉龍，他肯出價兩億元！

李老頭是農民出身，只讀過小學，但他是個明白人，儘管親戚朋友百般催促他上告，但歷經三次官司，他已然諳熟了相關法律：和白紙黑字的法律較勁，不會有好下場。聽到高局長問起黃玉龍的出處，李老頭說，這龍原本不是他的。

「不是你的？那是誰的？」高局長急切的問。

「是我的『擔挑』[6]馬躍的。」李老頭盯著窗外，靜靜的說。

「玉龍本來是馬躍的，怎麼到你手裡？」高局長再問。

「他是從哪弄到黃玉龍，我也不知道。」說完又冷冷的對高局長說：「你在這吃晚飯嗎？」這顯然是在逐客了，高局長知趣的站起身，說了句謝謝便離開。

費盡氣力難覓其蹤，到頭來卻是陰錯陽差手到擒來，可是黃玉龍卻不是李景榮的，不過，調查黃玉龍的出處並沒有走到絕路，好在又有了馬躍這個線索。

第二天一大早，高局長將調查組成員叫到自己的辦公室，說起了昨晚的「意外收穫」，隨後，眾人驅車直奔馬躍住的村子。

在村裡差不多最破舊的院落裡，調查組見到了菜籽販子馬躍。與李景榮不陰不陽的表現不同，面對旗裡來的幹部，瘦小枯乾、兩眼滿是詭譎的馬躍故作驚寵，忙不迭的[7]將眾人請進低矮昏暗的屋子。得知調查組的來意，馬躍滔滔不絕的打開了話匣子。

那是農村實施包產到戶政策的前兩年，馬躍走街串巷販賣菜籽，走到老熟人馬金海住的村子時，看到馬金海正在和一個專收文物的「南蠻子」[8]談生意。只見馬金海從懷裡摸出了一個黃綠色的、大長蟲子一般的玉器，遞給了文物販子。接過玉長蟲，文物販子煞有介事的在小手秤上稱了稱，然後掏出三十元。馬金海嫌少，但文物販子就是不肯提高價錢，沒辦法，馬金海只好認了，就在他剛要接過錢時，馬躍走過去對文物販子說：「你也太黑了吧，這麼好的一件東西，你就只給三十元呀！」

馬躍自文物販子手裡搶過玉長蟲，轉身對馬金海說：「給這麼點錢，別賣他！」

馬金海滿臉委屈：「老娘病了，沒錢抓藥，好歹換點錢去抓藥呀。」

「別賣給他了，趕明兒我幫你賣個好價錢。」馬躍轟走了人生地不熟的文物販子，對馬金海打包票道。

馬躍販賣菜籽全憑一張嘴，但玉長蟲當真到了自己手裡，怎樣才能賣個好價錢，其實他心裡一點底也沒有。實際上，馬躍將玉長蟲，也就是後來被命名為黃玉龍的國寶攬到自已這，當然另有所圖。

人生地不熟的文物販子沒敢和馬躍叫囂，灰頭土臉的走了。回到家，躺在炕上，馬躍端詳著黃玉龍，翻來覆去、六神無主、苦思冥想，也沒能想出什麼。雞叫頭遍，昏沉沉的馬躍終於睡著了。突然，馬躍像是被黃蜂蜇了屁股一般猛然起身，跳下土炕，包好黃玉龍匆匆出了門。馬躍這是怎麼了？他是去找人，找他的「擔挑」李景榮。

6 同「連襟」，姊妹的丈夫彼此互稱。
7 十分匆忙。
8 當時東北地區的老百姓將走街串巷收文物的南方人稱作「南蠻子」。

馬躍怎麼就想起李景榮了呢？第一，李景榮跟他是「擔挑」，很熟；第二，李景榮早先辦了個燒磚廠，手裡有些閒錢。馬躍找到李景榮，拿出黃玉龍，一番天花亂墜的吹捧，李景榮就掏出錢買下黃玉龍。拿著李景榮給的錢，馬躍回到鄉下找到了馬金海。

這麼看，馬躍算是個大好人是吧？調查組問：「黃玉龍你賣了多少錢？」馬躍信誓旦旦，「賣了六十元，都給馬金海了。」後來，調查組向李景榮問起這事，李景榮發誓時把親娘老子都搬出來，說馬躍從他這拿走了一百二十元。馬躍卻說李景榮給了六十元，究竟誰說的是真話？因為這事和調查黃玉龍的出處沒啥關係，調查組也就沒深究。

「高價」買來黃玉龍的李景榮其實內心自有盤算，他推測著把黃玉龍改成菸袋嘴，每個菸袋嘴能賣四十元，這條黃玉龍怎麼說也能改出四個菸袋嘴。當時一個上好玉質的菸袋嘴能換一匹好馬，四個菸袋嘴就能換四匹好馬，到了深秋，馬長上膘[9]，一匹賣個近百元應該沒有問題，李景榮打的就是這個如意算盤。

第二天一早，李景榮找到了玉器加工師傅，沒想到，加工師傅一口價：每個菸袋嘴加工費少於四十元不幹。李景榮盤算，四個菸袋嘴光是加工費就得花一百六十元，再加上先前給馬躍的一百二十元，就是兩百八十元，這樣一來，就不一定能賺錢了。但錢已經給了馬躍，憑著自己對馬躍的了解，將玉龍退給他，把錢要回來是絕對不可能的。老謀深算的李景榮自認栽了大跟頭，迫不得已打消了將黃玉龍大卸八塊改成菸袋嘴的想法，順手將黃玉龍扔進了米缸裡。

就這樣，後來被確定為國寶級文物的紅山文化黃玉龍逃過一劫，保住了「性命」。再後來，旗裡常能看到文物販子，文物的身價天天看漲，李景榮便琢磨著將砸在手裡的黃玉龍賣出去，這就有了求自己的親戚找賈宏恩為黃玉龍估價的事。

二〇一〇年，財大氣粗的文物販子找到李景榮，唆使他再向旗博物館索回黃玉龍，文物販子開價兩億元，不過，不管李景榮怎樣後悔，黃玉龍終歸沒能被再次販賣。

調查組找到馬躍，但探查黃玉龍的出處還是沒能觸碰到正題上，因為馬躍也不是黃玉龍的持有人，持有人是馬金海。事不遲疑，調查組根據馬躍提供的線索，驅車前往馬金海住的村子。

此次，又出岔子了。村民告訴調查組，馬金海已於年前舉家搬到遼寧盤錦了。

盤錦距翁牛特旗六百多公里，為了徹查黃玉龍的出處，再遠也得去。驅車盤錦，調查組找到了建在大片稻田中間，馬金海的家。

得知調查組的來意，馬金海說，黃玉龍是他爸馬忠信撿來的，調查組的人連忙問：「你爸呢？」馬金海說：「死了，半個月前死的。」黃玉龍的發現人馬忠信已然故去，既來之，則安之，調查組在馬金海家坐定，試圖從馬忠信的老伴李貴珍嘴裡，打聽黃玉

9 音同標，獸類日見肥壯。

龍出處的細枝末節，馬忠信的兒子馬金海說，他母親患老年痴呆[10]，在炕上癱了兩年多了，問她黃玉龍的事根本就是浪費時間。正如馬金海說的那樣，不管調查組怎麼問，老太太只是傻傻的盯著來人。

調查組很失望，沒辦法，只能詢問馬金海了。就在調查組拿出黃玉龍的照片遞給馬金海看時，老太太突然清醒搶過照片，足足盯了三分鐘，自言自語的說：「這是我家的。」

看到黃玉龍的照片，馬金海的母親一下子變得如正常人一般。

怎麼回事？神志不清的老太太竟然開口說話，所有人都驚呆了。

李貴珍告訴調查組，黃玉龍是她丈夫馬忠信犁地時犁出來的。

▲圖 5-5　出土於翁牛特旗的紅山文化的雞頭陶碗。有學者將其稱為「中華第一鳳」，倘若當真如此，翁牛特旗既有龍，又有鳳，可謂龍鳳齊備，這件亦被定為國寶級文物。

高局長立刻意識到這是一個千載難逢的好機會，趕緊湊近老太太：「大娘，妳能說得再詳細點嗎？」可是無論高局長怎麼問話都像是對牛彈琴，老太太又自顧自的、呆萌的盯著訪客，不再說話，探查黃玉龍的出處，還是得從馬金海找線索。

「五十多年前，我爸在離家不遠的山坡上開墾荒地，日頭臨落山，他回到家。進屋時，他從懷裡掏出一個長著豬頭、弓著像長蟲身子的物品。長蟲的身上有一個小眼，我爸穿了根繩子，給我當玩具。長大以後，我把『長蟲』給了我兒子。」馬金海回憶道。從馬金海小的時候，再到其兒子小的時候，幾十年間，「長蟲」被當作玩具，拖拽於時而泥濘，時而乾枯的街頭巷尾。

考古，容不得半點虛假

馬金海告訴調查組，黃玉龍是他父親從村子趕著驢車，走一袋菸工夫的路，然後在道路西邊的山上撿來的。盤錦之行，雖說黃玉龍的發現人馬忠信已經離世，但從他的兒子馬金海那，調查組得知了黃玉龍的出土地點，收穫是有的。從盤錦回到翁牛特旗已經

10 一般指阿茲海默症。

是半夜，第二天一早，調查組顧不得辛勞，趕到了馬金海一家曾經居住的村子。

調查組僱了一輛驢車，找來一根老式菸袋鍋，請來村裡駕車的人，點上菸袋，趕車西去。

駕車的人抽完一袋菸，調查組越感糊塗了，眼前是一馬平川，哪有山坡？是不是馬金海記錯了？探查黃玉龍出處，再次止步。沒辦法，調查組一週後再次來到盤錦馬金海家，但這次來，調查組被眼前的情景驚呆了：馬家老太太李貴珍三天前去世了。看到有家鄉的人來祭拜，馬金海出門迎接。調查組再問：「你家到底住在哪個村？」馬金海頓了頓，不疾不徐的說，他家原本住在東拐棒溝，一九四九年以後搬家，搬到了來盤錦之前的村子。

原來如此，上次調查組借菸袋、僱驢車，尋黃玉龍的出土地點，出發點是錯的。調查組這次來，還想問清楚一件事：馬老爺子撿到黃玉龍的確切時間。馬金海說，他曾聽老母親說過，撿到黃玉龍那年是她嫁到老馬家的第四年。馬金海還說，他爸撿到黃玉龍的第二天，黑風大作，整整颳了一個星期。為這，有村民找到他爸，要他趕緊把黃玉龍扔了，扔得越遠越好。他爸偏不信邪，家裡已經窮得叮噹響了，還怕啥時運濟不濟？調查組問：「你母親去世時幾歲？」馬金海說：「七十九歲。」

回到翁牛特旗，調查組來到馬金海曾經住過的東拐棒溝村，再次僱了驢車，找來駕車的人和一袋菸。點上菸，駕車西去。果不其然，駕車的人一袋菸剛抽完，驢車當真登

▲圖 5-6　調查組僱來驢車、道具等，情景再現，尋找黃玉龍的出土之地。

上了一座小山丘。山丘不高，下面有古河道，不遠處是茂密的叢林，這裡是古人理想的生活場所。

馬忠信就是在這個小山丘上撿到黃玉龍的，土丘上散布著很多紅山文化遺物，黃玉龍屬紅山文化遺物確信無疑。調查組查清楚了黃玉龍的出處和屬性，接下來，便是確認馬忠信撿到黃玉龍的具體時間。

馬家老太太李貴珍去世時是七十九歲，調查組來調查此事時是二〇一〇年，而老太太十六歲結婚，七十九減掉十六，等於六十三，六十三年前是一九四七年，馬忠信撿到黃玉龍的時間是一九四七年。

馬金海說，他父親撿到黃玉龍的第二天黑風大作，整整颳了一個星期，白天在屋子裡都得點油燈。馬金海說的黑風應該是沙塵暴，調查組決定查一下當地沙塵暴肆虐的時間，就能查出馬忠信撿到黃玉龍的具體時間了。

調查組來到旗氣象局，查看了一九四七年的氣象紀錄，令人失望的是，那一年翁牛特旗根本沒有發生過沙塵暴。

調查組所有人都感到很沮喪，中午都沒回駐地吃午飯，在路邊小店一人點了一碗麵吃。吃麵時有人問另一個人：「你女兒啥時結婚的？」那人說：「二十六歲。」、「不是二十五歲？」、「也算二十五歲吧，我們老家講的是虛歲。」說者無心，聽者有意，高局長「啪」的一聲放下碗，大聲說：「有了，有了！」眾人忙問：「有啥

▲圖 5-7　翁牛特旗境內的早期岩畫。查找黃玉龍的出處時——考古人員在翁牛特旗境內發現了大量的早期岩畫。

了？」、「馬家老太太李貴珍不是一九四七年結婚的。」眾人木訥的看著激動得漲紅了臉的高局長，「老一輩的翁牛特旗人都講虛歲，李貴珍是十五歲出嫁，那年應該是一九四八年！」

眾人齊齊放下麵碗，小跑著再去旗氣象局。氣象紀錄顯示：一九四八年五月十五日至二十二日，翁牛特旗發生百年不遇的特大沙塵暴——這下全清楚了，黃玉龍被馬忠信撿回家的第二天，也就是一九四八年五月十五日，沙塵暴來襲，也就是說馬忠信是在一九四八年五月十四日撿到黃玉龍！

前前後後，歷經坎坷，耗時

▲**圖 5-8**　令人興奮的是，稍事調查，調查組撿到了不少紅山文化陶片。可以肯定的是，這裡曾有過紅山人的聚落。

▲**圖 5-9**　黃玉龍的出土地點終於被確定了下來——翁牛特旗東拐棒溝。

三年，探查黃玉龍的出土地點、屬性、出土時間和發現人及曾經的持有者，調查組終於大功告成！在外人看來，如此苛求，這麼較真，簡直不可思議，但這就是考古，容不得半點虛假。

後來，黃玉龍和碧玉龍都被定為國寶級文物，碧玉龍已然成了國家博物館的鎮館之寶，要不回來了，仍舊留守家鄉的黃玉龍，被翁牛特旗奉作鎮旗之寶，再後來，為了「嚴防」黃玉龍重蹈碧玉龍被「買走」的覆轍，旗裡一些退休老先生、老太太自發成立了「護龍隊」，老人們喊出的口號是：「人在，龍在！」

▲圖 5-10　中華國寶——紅山玉龍。

第六章

重返絲路

探究古絲路之謎

有人說，沒到過新疆，便不知道中國的遼闊。的確，對新疆境內和靜縣的科學考察，歷時二十天、行程兩千多公里，科考隊都沒走遍和靜縣。

和靜縣，隸屬於新疆巴音郭楞蒙古自治州下的一個人口大縣。新疆巴音郭楞蒙古自治州，簡稱巴州、巴音郭楞（蒙古語，意為富饒的流域），相當於內地地級市[1]的巴州有多大？有一年夏天，一大早，我從呼倫貝爾飛去巴音郭楞，晚上十點多才到和靜縣，然而都這會兒了，雖然沒天黑，接待我的人也沒有開飯的意思，我問：「我們什麼時候吃晚飯？」主人說：「這才幾點呀，不急。」

我一早離開呼倫貝爾，飛機在呼和浩特經停兩小時，之後飛烏魯木齊，在烏魯木齊轉機又耽擱了兩小時，兩起兩落，時間很緊迫，我只有中午在呼和浩特機場簡單吃了一碗麵，折騰到這會兒，早就餓得前心貼後背了。而且在呼倫貝爾，晚上十點都睡了，可是在這裡，竟然連晚飯還沒著落！

呼倫貝爾在中國的東邊，夏季凌晨三點太陽就晒屁股了，到了晚上六點多，天就黑了，可是在新疆巴音郭楞，晚上十一點天才不情願的暗下來。

總算盼到天黑，開飯了。席間，有人問起呼倫貝爾，我故作神祕的問：「你們知道呼倫貝爾有多大？」主人問：「多大？」我說：「一個江蘇加一個山東那麼大！」（約二十五萬兩千七百七十七平方公里）聽完我的話，主人眼睛瞪得溜圓，說：「那麼大呀！」感慨過後，主人回問我：「你知道巴音郭楞有多大？」我被他問倒了，來巴音郭楞好幾次了，每次都是來去匆匆，這裡究竟有多大，還真不知道。

見我茫然，主人抿了一口酒，慢條斯理的說：「巴音郭楞下面的若羌縣，一個縣的面積就和呼倫貝爾的面積差不多，至於說巴音郭楞有多大？從東到西，直線距離一千三百公里。」一千三百公里？這是從北京到南昌的距離呀！

那麼本次科考的主要目的地和靜縣有多大？說個實例，有一次，我一大清早從最西邊的一個小鎮趕往縣城，足足開了一天車，晚上十一點才到。和靜縣的面積有多大？我想大家能估算得出來了。

和靜縣位於天山南麓，縣城的北邊，不足十公里遠就是橫貫東西的天山。古代絲綢之路（簡稱絲路）有三條，分別是北段、中段和南段，和靜縣處在絲路的中端，扼守著中段和南段絲路。

本次科考絕對是空前的兵強馬壯，人員構成有：北京大學文博學院的齊東方教授、北京大學哲學系的王守常教授、中國人民大學歷史學院的王子今教授、中央民族大學文博學院的肖小勇教授、社科院考古所的巫新華研究員、國家博物館的楊林研究員、甘肅省文物考古研究所的王輝所長、中國科學院地質研究所的穆桂金研究員等十幾位頂尖學

1　是中華人民共和國的地級行政區的一種，屬於第二級行政區劃，相當於西方國家的都會區。

者，再有就是來自央視、中央人民廣播電臺國際臺、新華社、庫爾勒電視臺、騰訊網等多家媒體的記者。巴音郭楞的人大常委會主任包熱親自擔任科考隊的顧問和嚮導。

科考隊出發半小時後，車隊鑽進了大山。我們最先來到了黃廟——新疆最大的佛教寺廟，科考隊裡有長於宗教學研究的專家，所以，科考的第一站便選在了這裡。

本次天山科考無論是專家團隊的構成，還是新聞媒體的強大支援，都可謂史無前例，如此大規模的科考，為的是破解困擾學術界許久的難題，具體來說，是為了徹查隸屬於和靜縣的巴音布魯克草原，在古代東西方文化交流中的作用。

▶圖 6-1　包熱。虎背熊腰、黑臉豹眼，典型的土爾扈特蒙古族漢子。因為酷愛歷史，近些年老包走遍巴州的山山水水，對散布在天山深處的古遺址諳熟於胸。

▶圖 6-2　科考隊借來的越野車，馬力大，軸距寬，越野性能極強。

加上後勤保障人員[2]，科考隊足有四十幾人，其中大多數人未有科考的經歷，甚至有人是第一次進新疆，好在負責後勤保障的人員都是來自駐新疆某部的老兵，這些老兵除了開車，到了駐地還要負責搭建帳篷和做飯。

一夜露營，早上九點起床（在新疆，這時天才亮），早餐是奶茶加乾饢。吃過早餐後，大隊人馬再次出發，今天的考察是沿著山脈中間的谷地一路西去。

途中，我們看到了「天堂草

2 指從物資、衛生、技術、運輸等方面保障前方需要的勤務。

▲**圖 6-3**　墓葬群。這是科考隊重要的考察項目。數百個形態各異的墓葬散布於兩山之間的溝底，可以肯定的是，這裡曾是東西方往來的重要通道。不同的族群途經這裡，商隊中有人不幸去世，儘管是在外鄉，也要按照本族的習俗安葬死者。

▲**圖 6-4**　山間谷地，這裡是科考隊的第一個宿營地，三面環山，既可避風，又很敞亮。

▲**圖 6-5**　入鄉隨俗，科考隊員按照當地的風俗，圍著敖包轉三圈，據說，這麼做可以保佑科考隊員的安全。

▲**圖 6-6**　唐代戍堡，攔腰古道，為保絲綢之路的中路得以安全。實際上，絲路大通道上，這樣的戍堡還有很多，由漢至清，為了確保大通道的通暢，中央政府在絲路上建築戍堡，作為絲路的守護，戍堡在維繫中原政權的穩定上發揮了至關重要的作用。

▲**圖 6-7**　巴音布魯克，「天堂草原」是西域大通道上水草最為肥美的草原。

原」——巴音布魯克（見右頁圖6-7），這裡水草肥美，古代商隊途經這裡，馬、駱駝等馱運商品的大型牲畜不愁吃喝，而且數千年來，東來西去的商隊，族屬、國屬各異，因此，在這片土地上的遺留，各式各樣，對於考古人來說，甚是刺激，富有挑戰。

一天晚飯過後，北大的齊東方悄悄對我說：「咱們喝點！」我說：「沒酒呀。」齊教授說：「你就跟我走吧。」跟著齊教授，我倆躲進了一間黑漆漆的屋子（為了省油，這時發電機停止工作，屋裡漆黑一片）。常言道，天無絕人之路，窗臺上竟然有一根蠟燭。齊教授點燃蠟燭，順手找了個裝速食麵的空箱子當作桌子，我倆席地而坐。

我掏出從給養車[3]上「順」來的乾饟，急切的問齊教授：「酒呢？」但見齊教授不疾不徐的從口袋裡掏出兩百五十毫升的四瓶白酒。我問：「這酒哪來的？」齊教授拿腔拿調[4]的說：「買的！」我問：「哪買的？多少錢買的？」齊教授又故作高深的說：「我們半路經過一個小鎮時買的。二十元，四瓶，還送一袋花生米！」二十元四瓶酒還送一袋花生米？想必這酒是勾兌[5]的。我表示懷疑，問道：「這酒能喝嗎？」齊教授反

3 負責供給物資及飲食的車。
4 形容說話裝腔作勢，不自然的樣子。
5 本意指白酒剛釀造出來以後，不同車間出的酒味道不一樣，需要靠勾兑統一口味，去除雜質，協調香味。此處指白酒裡摻了大量的水和其他物質，弄虛作假。

問道：「怎麼不能喝？」說著，齊教授先擰開一瓶，對著瓶嘴就是一大口，然後抓了幾顆花生米塞到嘴裡，說：「好酒！」

看著齊教授神態自若，我也擰開一瓶，淺淺的喝了一口，辛辣，還酸，說不出是啥怪味，長這麼大，我還是頭一次喝到這種劣質酒。身在荒野，講究不得，於是，我與齊教授配著花生米和乾饢暢飲起來。就在這時，科考隊領隊巫新華突然推門進屋，巫教授俯下身，盯著我們，張大嘴。我和齊教授都清楚，這傢伙的嘴裡肯定吐不出象牙來。大約過了三秒鐘，巫教授「感慨」道：「倆老頭都長這樣了，還燭光呢！」聽到巫教授的調侃，我和齊教授不約而同的起身走出去了！

巫教授畢業於新疆大學維吾爾語言文學系，後考進北京大學，成為季羨林的碩士班學生，之後，就讀社科院考古所，成為安志敏的博士班學生。博士班畢業後，被分配到社科院考古所工作。幾十年了，考古西域，巫教授走遍了新疆的山山水水。

在烏孫古道科考時，有一次下雨，科考隊員躲進牧民的房子裡，待雨停後，科考隊再次上路，這時，發現拋棄式雨衣少了兩件。下雨時，所有人都沒出屋，雨衣肯定是被房東「順手牽羊」了。我的意思是算了，就當是給牧民的報酬吧，但巫教授硬是不肯，對著房東大喊大叫，喊什麼？我們一句也聽不懂，因為全是當地少數民族的語言，過了一會兒，房東拿出雨衣。巫教授收過雨衣後，才帶著大家上路。齊東方和巫新華，一個是北大教授，一個是中國考古界最權威機構的核心人物。平日裡，你要是看到這兩位

▲圖 6-8　「五星出東方利中國」，漢代織錦護臂，此織錦出土地點為新疆和田地區的民主縣尼雅遺址，它的出土被譽為二十世紀中國考古最偉大的發現之一。

▲圖 6-9　圖中戴草帽的就是齊東方教授，號稱「北大第一嘴」，其才思敏捷、著書立說、見解獨到，總會一言激起千層浪。

大人物，絕對不會想到他們是「大家」[6]，考古人就是這麼質樸。需要說明的是，在當下，真正可交、能掏心交往的人，我覺得只有考古人了，或許是在野外工地待久了，吃不慣人間煙火，這些考古人的樸實是發自內心的，絕不是裝出來的。

當晚就寢，大家雖然睡在屋子裡，但床與床的間隔不足十公分，基本上算是大通鋪。睡在我左邊的是中科院新疆地質所的穆桂金教授，穆教授自躺下，一夜不再動彈，看著怪嚇人的。

睡在我右邊的是庫爾勒文物局的覃大海局長，據說，半年前，在一處挖掘點，覃局長掉進兩公尺多深的探溝裡，把尾椎骨摔骨折了，本次科考他是帶病上陣，尾椎還會陣痛。這一宿，覃局長翻來覆去、哼哼唧唧，弄得我幾乎一夜沒合眼。

這位覃局長，也是考古界甚是了得的一位名人。黑臉、矮瘦的覃局長在念大學期間，學的並不是考古，但硬是憑著對考古的摯愛，走上了考古之路。一九九〇年代，隻身進入若羌（中國最早的核子試驗基地）做遺址調查，晚上，找個土坑就能湊合一宿。在新疆地區的考古圈，真是無人不知——覃大海。

▲**圖 6-10**　覃大海（左），新疆考古圈的知名人士。

神祕數值 $\sqrt{2}$

在我之前出版的《與古人對話》一書裡，我提到過距今五千年的紅山文化祭壇，祭壇三圓的直徑分別為十、十五．六和二十二。當時考古人員將相鄰的兩圈直徑做比，答案都是 $\sqrt{2}$！

今天在和靜縣境內，科考隊員發現的大墓的三圓直徑之比竟然也是（見第一五九頁圖 6-14）！經過科考隊員仔細的探查推測，眼前的大墓距今三千至三千六百年。為什麼遠在千里之外的紅山文化祭壇與和靜草原上的大墓直徑之比，答案都是 $\sqrt{2}$ 呢？科考隊員推測：其一，早在漢武帝打通東西往來的道路之前，東西方文化與物質的交流就已經存在了，也就是說，絲綢之路早已有之；其二，紅山人觀天象得出了三圓為 $\sqrt{2}$ 的直徑之比，和靜縣的古代先民亦是如此。

和靜縣發現了古代「$\sqrt{2}$」的資訊震驚了當下學術界，隨之，央視新聞部、新華網等主流媒體趕到和靜縣，對大墓的考察做了新聞直播。

有個詞叫「地大物博」，用這個詞概括和靜縣特別貼切。前面我說過，本次科考的

6 專家，知識淵博者，博學的人。

專家團隊絕對稱得上是頂尖，即便如此，見多識廣的專家們還是感慨：大開眼界！因為古代絲綢之路，東西方文化的交流，在巴音布魯克、和靜縣留下了太多的神奇與神異。

天山科考，探究古絲路之謎，有一個科考之外的事需要說一下，即土爾扈特部的東歸。

乾隆三十六年（一七七一年），土爾扈特部首領渥巴錫為擺脫沙俄壓迫，率部衝破重重堵截，歷經千辛萬苦，返回祖國。土爾扈特部出發時有部眾十七萬人，回到祖國，僅剩七萬人，以生命的代價，圓了回歸祖國的宏願。出於對土爾扈特部壯舉的表彰，清政府遂將巴音布魯克等新疆境內最好的牧場劃給土爾扈特部作為居住地。

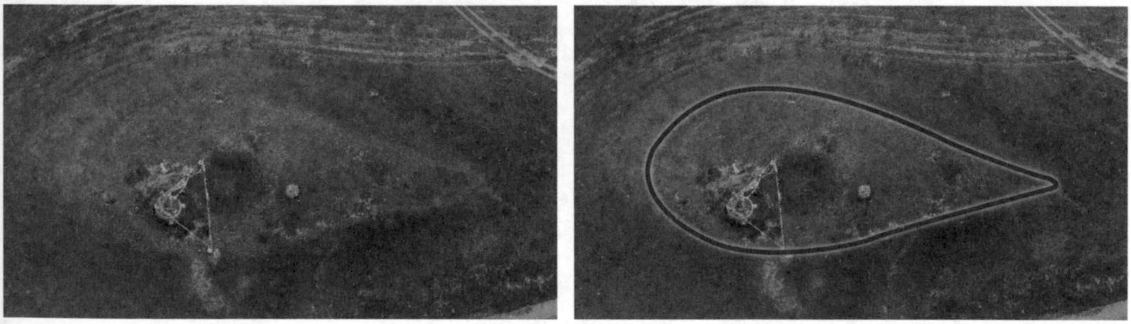

▲**圖 6-11**　絲綢之路，貫通東西方文化，就連這裡的墓葬也是千奇百怪——水滴形墓葬。

▲**圖 6-12**　石頭疊成的陣勢，墓葬就像是長了鬍鬚，考古人員管這種墓叫做「鬍鬚墓」。

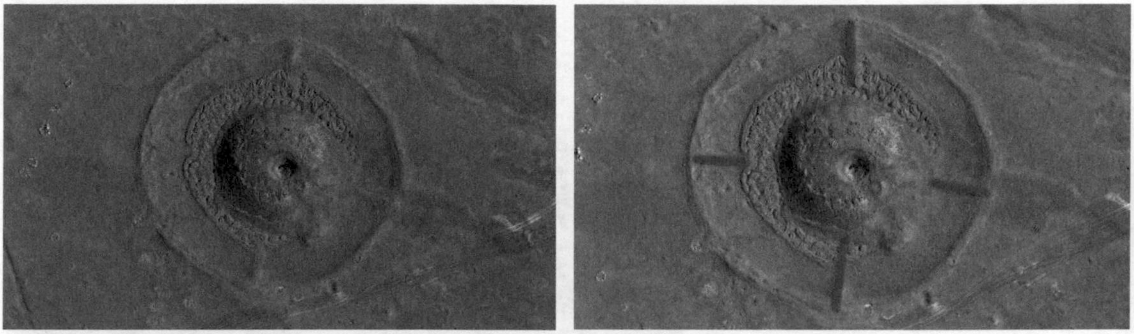

▲**圖 6-13**　這應該是一座大型祭壇，祭壇殘存的部分高出地面將近 7 公尺，四條土梁分別指向東、南、西、北四個方向。

▲**圖 6-14**　令人不可思議的是，三個圓的直徑比，竟然與紅山文化祭壇三圓的比相同。大墓的這三個直徑意味著什麼？

▶**圖 6-15**　科考的路上不僅有綠草，大草原的四周還有雪山環抱，這裡曾是溝通南北疆的重要通道。

▶**圖 6-16**　每到一處，每個遺址點，科考隊都要測量、定位、拍照、畫圖。

▶**圖 6-17**　近代戍堡，扼守南北疆之通途。

▲**圖 6-18**　進入戍堡，科考隊員委身不足半公尺高的地洞，對於考古人的工作狀態，中國現代考古的鼻祖傅斯年曾概括道：「上窮碧落下黃泉，動手動腳找東西。」

▲**圖 6-19**　巴音布魯克草原上最令人陶醉的地方——九曲十八彎。日落時分，逶迤的河水映著晚陽，天上、地下，九顆太陽相映成趣。

▶**圖 6-20**　天山幻境——巴音布魯克草原。

第七章

雙墩遺址

在碗底畫畫是對天的崇敬

漢字起源於何時？何地？安徽省蚌埠市有一處古遺址，讓人對漢字的起源浮想聯翩。幾乎走遍整個中國，安徽省蚌埠市是我印象最深的城市之一。

印象一：冬季的蚌埠，大街上差不多有一半的人（男女老少）都穿著棉製的睡衣，而且大都是白底紅花，遠遠望去，好像流動的花海，甚是顯眼。據說，這是因為淮河自蚌埠橫貫而過，處在淮河南邊的南城享受不到冬季住戶室內取暖的政策[1]，在家裡都得穿得厚厚的保暖，若臨時要出門，換衣服太麻煩，也就穿著睡衣出門了。印象二：蚌埠市郊有一個叫雙墩的村子，村裡有一個距今七千年的古遺址，古遺址堆積著大量的陶片（見左頁圖7-1），已探明的面積超過三百平方公尺，堆積厚度超過一百五十公分，這是以往的考古挖掘前所未見的。

剛進駐雙墩時，因為前面兩個原因，我很不習慣。滿街的保暖睡衣，看著一個個被保暖睡衣撐得圓滾滾的大姑娘小媳婦[2]，我覺得就像誤進別人家的臥室，很彆扭；再有就是，為什麼會有那麼多的陶片堆積在一起？前一個不習慣，硬著頭皮也就過去了，入鄉隨俗嘛，第二個不習慣，說實話，直到當下我還時常連做夢也在想，因為很多事情想不明白。

在探究陶片堆積之謎前，先說說「雙墩」的由來。雙墩，這個村子基本呈東西走向，有人家上千戶。村子的中間突兀著兩個高九公尺多的大土墩，正因為這兩個大土墩，村子被叫做「雙墩」。平地而起的大土墩是怎麼回事？問村民，沒人知道。二〇〇六年，村裡來了幾個民工[3]模樣、土裡土氣的外地人，這幾個人白天在租屋處睡覺，晚上圍著大土墩徘徊，有村民對外地人的行為起疑心而報警，員警一來，外地人立刻跑光了。

原來，這幾個人是盜墓賊，幸虧村民的警覺性高，及時報警，盜墓賊才沒能得逞。當年十二月，經國家文物局批准，考古隊進入雙墩村，對雙墩中的一個墩展開大規模的考古挖掘。為什麼只對雙墩中的一個動手？因為這個大土墩已經被盜墓賊掏了一個洞，墓裡填滿了流沙，盜墓賊沒能下到墓底。

▲圖 7-1　陶片，盡是陶片。如此規模，前所未見。

1 在一九五〇年代，時任中國國務院總理周恩來提出以秦嶺、淮河一線（一月月均溫零度等溫線）為界劃分南北，此線以北為北方集中供暖區，由政府提供集中供暖設施、並保證高額補貼甚至免費的煤炭供應；而此線以南不實行集中供暖。

2 少婦。

3 外來工，指為了工作從農村到城市的人。

需要說明的是，當下的考古，尤其是**對於高等級的古墓**，**原則上國家文物局是不主張主動挖掘的**，一般情況下，做基礎建設時，要先由文物保存單位對施工區域做詳盡的考古調查，未發現古蹟，才能施工，一旦發現了古物遺跡，得先做考古挖掘，挖掘完成後施工隊才能進入，如果屬重大發現，哪怕是國家級的施工專案也得給考古讓路。

還有就是，墓葬遭到盜掘，員警抓了或者嚇跑了盜墓賊，考古隊進駐，做「搶救性」挖掘，比方說，前面第四章提到過，堪稱驚世大發現的江西海昏侯大墓的挖掘，盜墓賊先是將劉賀夫人的墓盜光，考古隊才得到批准做大墓的考古挖掘。對此，有考古人調侃，考古總是跟在盜墓賊的屁股後邊。經過數月對其中一座大墓挖

▲圖 7-2　經過數年的細緻挖掘，雙墩遺址被確定為史前祭祀遺址。

掘，考古人員當真見證了重大發現——雙墩是春秋時期的高等級大墓。

這座大墓實屬罕見，這麼說是有根據的，大墓展現出來的九個特徵屬於首次發現：第一，五色顆粒混合土。為什麼是五色，而非四色、六色或者其他幾種顏色？這事探究起來並不複雜——大墓是依循五行學說建置的，所以用五色混合土。第二，白土墊層。白色象徵著陽光充足的白天，生者希望逝者到另一個世界仍有光明相伴。第三，圓形墓葬結構。古人認為，天是圓的，地是方的，人死，意為升天，去天堂裡生活了。第四，填土構成的放射線呈天象概念。第五，土偶遺跡。有考古人員推測，這或許和女媧捏土造人於淮河流域的神話傳說有關。第六，土偶壘砌的內壁遺跡。土偶是墓主人在另一個世界的守護。第七，墓底葬禮布局規格較高，這在以往的淮河流域的考古挖掘中屬首次發現。第八，墓口有一個兩層臺。第九，有十八個大小不同、饅頭形狀的土丘。

大墓出土了包括鐘、鼎、盉、舀、鈴、戈、矛、劍、鏃、車馬器、石磬，彩陶器、玉器、漆器、木器、海貝等四百餘件文物。常言道，好事成雙，挖掘春秋大墓時，考古人員在不遠處又發現了一處大型遺址，也就是本文開頭說到的、那個堆滿了陶片的史前遺址。隨後，考古隊在雙墩村開闢了第二個工地。

經過對雙墩遺址大量陶片的挖掘，考古人員共發現了六百多片帶有刻畫的陶碗碗底，其中一些陶片上刻畫的是最早的文字。因此蚌埠市特地在雙墩村建了一個遺址公園。說到這，疑問來了，為什麼當地的古人要在碗底而非其他器物上刻畫東西？

有考古隊員認為，如此做法是早期天象觀的展現，古人對天地的認知是「天圓地方」，**在吃飯的碗上做刻畫，是對天的崇敬，為的是藉著圓形的碗以祭天。**

考古隊員對遺址上難以計數的陶片進行研究時發現，這些陶片基本上是被人有意砸碎的。那麼古人為什麼要將陶器砸碎，然後再把碎片堆積在一起？

雙墩遺址的周邊地勢平坦，唯雙墩遺址略高出地面，考古人員推測，這裡應該是雙墩古人的祭祀場所。每次祭祀，雙墩古人都會將陶器砸碎，久而久之，陶片堆積成山，兀立於此，以陶片的堆積厚度看，第一，雙墩古人的祭祀很頻繁；第二，這處祭祀場所持續了很長時間。

聽當地人說，幾十年前，這裡是個墳場，碗的碎片隨處可見。鄉間傳說，碗是被野鬼砸的。所以人們途經這裡都要放鞭炮驅鬼。後來，不信邪的人來了，就是我們這些考古隊員。

我們在這裡砍藤蔓、掘封土，非但沒見到野鬼，荒丘上反倒漸露出了一個史前遺址，荒丘無鬼，碗不是鬼砸的。一個月過去了，六百平方公尺的探方袒露出二十多萬塊陶片。砸碗的人也查清楚了，就是我們的先人，七千兩百年前的雙墩古人。有意砸自己的飯碗，是古人們遭遇什麼滅頂之災了嗎？我們在雙墩的挖掘，沒有墓葬，未見遺骸，遇到滅頂之災的推測不成例。而考古的祕訣在於借助遺物與古人對話，這次我們與破陶片做什麼樣的對話？

▲**圖 7-3**　兩個土堆相距 200 公尺，其中被發掘的 1 號墓，封土高達 9.5 公尺，底徑南北長約 60 公尺，東西長約 80 公尺。揭去封土，墓中陪葬果然非同尋常。

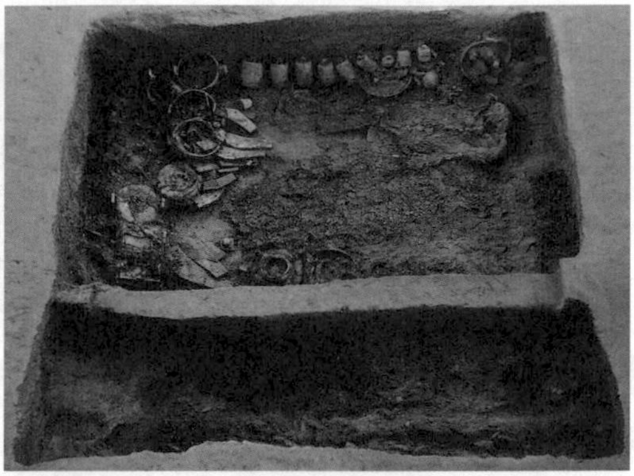

▲**圖 7-4**　鍾離國大墓未曾被盜，墓裡的陪葬極為豐富，這對幾年來的考古發掘來說很是少見。

▲**圖 7-5**　雙墩遺址，對這裡的挖掘僅涉及一少部分，可以肯定的是，數千年前，古人以此為祭，時間跨度很長。

▲**圖 7-6**　陶片與貝殼，難以計數。

▲圖 7-7

❶ 陶碗底部，上面刻有做飲水狀的羊或者鹿。

❷ 左圖，抽象的三條魚疊加。上圖，與雙墩遺址在時代上基本相當的西安半坡遺址出土的陶器，魚紋描繪。下圖，與雙墩屬同一時期的甘肅大地灣遺址出土的陶器，魚紋。這些紋飾與雙墩文化碗底的刻畫彰顯出來的，是同樣的文化理念。

❸ 這似乎是對樹葉的臨摹吧。

❹ 圖案是干欄式建築，雙墩古人的居室，這種建築與地面保持一定的距離，可以隔離潮溼，保持室內乾燥。

因隨意刻畫而自砸飯碗的說法，顯然說不通。那麼究竟是出於什麼樣的動機，致使雙墩古人做出在當今看來如此荒唐的舉動？因為考古人員在碗底看到刻畫，所以我們將碗底當作破解雙墩之謎的突破點。照相、測量、定位、繪圖以後，考古人員迫不及待的將它們拿到一百多公尺處的棚子裡。

一個半月過去了，考古隊員們天天一點一點的剔除陶片上的泥土。村裡的年輕人幾乎都外出工作了，考古隊能僱來幫忙挖掘的唯有大叔大嬸，一邊是年輕高學歷的考古隊員，另一邊是年長厚道的村民，這在當下各處的考古工地都能見到。

不是所有的考古人都能這麼幸運。在考古人看來，陶片是無價的。考古，特別是對史前遺址的挖掘，陶片是破解疑團的線索和依據。與陶片交流，很自然，考古人員首先想到了吃：雙墩古人曾用它盛過什麼食物？

中國科技大學的專家們趕到工地，在不同的區域採集樣本，簡易的操作臺被設在了遺址的旁邊。考古人員

▲**圖 7-8**　陶片上刻畫的圖形。有考古人員認為，雙墩遺址出土的陶片上的刻畫是最早的文字。

淘取附著在炊具和餐具上的泥土，為的是找尋殘留的食物微粒。他們在對陶片內壁殘留物的檢測過程中，發現了人工種植的水稻微粒殘留。初步得到了距今七千多年的人工種植水稻的實證。為了讓證據更加翔實，考古人員對採自遺址範圍內的土樣進行浮選[4]。浮選的結果，驚現了人工種植，且已碳化的稻種。不同的檢測方式得到相同結果，可以肯定的是，**七千多年前的雙墩古人已經懂得水稻的種植**。

這無疑是一個重大的發現。為此，當天的晚餐，考古隊員們多做了幾道菜，又剛好隊裡最年輕的隊員過生日，於是，晚餐多了一個大蛋糕。吃著蛋糕，開懷暢飲，考古隊有個不成文的規矩，但凡聚在一起，就是一家人。

六百平方公尺，難以計數的陶片，每塊陶片都不能隨意挪動，因為陶片所在的位置也是考古隊員考證的項目，採集完食物微粒的陶片都要被送回原處。

懂得種植，意味著雙墩古人業已認知了天象，有了時空概念。

古時，人們認定「天圓如張蓋，地方如棋局」，古人將「十字」的兩條線稱為「二繩」，並在此基礎上，添加橫豎兩條線，對「二繩」做了擴充，添加的結果就是，方形的大地形成了，「地方如棋局」就是這麼來的。**雙墩遺址出土的碗底上的橫豎布局**（見左頁圖7-11），**是迄今發現最早的、將地視為棋局的考古實證**。

蚌埠市有一個龍子湖，此湖因湖畔出了大明皇帝朱元璋而得名。這裡還有一座山，叫禹會山，山下有個禹會村。有考古人員認為，大禹曾以這裡為統治中心，號令天下。

▲**圖 7-9**　這塊碗底上的刻畫意喻何在？一橫一豎，十字，有學者認為，這是東、南、西、北、中五向的寫照。

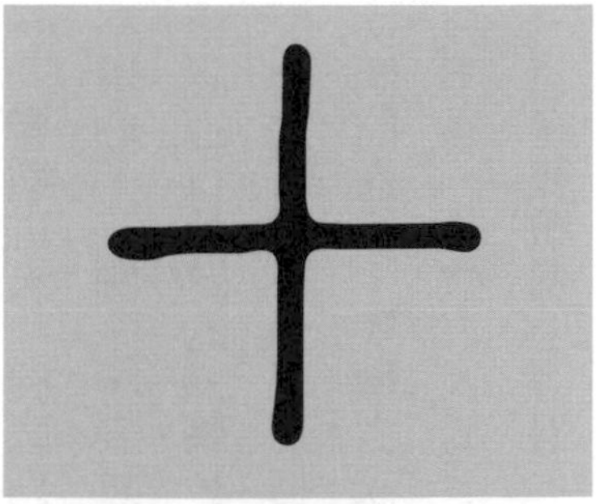

▲**圖 7-10**　較雙墩文化晚了近四千年的殷商時期甲骨文的「甲」，十字。用來表示方向，亦即東、西、南、北、中五向。

▲**圖 7-11**　碗底的橫豎布局。

4　根據礦物表面物理、化學性質的差異，從水的懸浮體（礦漿）中，浮出固體礦物的選礦過程。

做出這一認定的根據是，有考古隊曾在禹會山下挖掘出土過超大型的早期祭祀場所，和大量與祭祀相關的文物。另外，雙墩村南邊的塗山留有一個故事。相傳大禹治水，將塗山攔腰劈開，自此，淮河暢通了。隨即，大禹在淮河岸邊會盟天下，中華民族的大一統誕生了。

當地有一種說法，龍子湖的神奇源自往古，尋找神奇之源，就在龍子湖北邊，不遠處就是雙墩遺址，對話雙墩，沒有金銀玉帛，但是，與雙墩古人的暢談，不失精采。

雙墩古人在碗底刻畫的圓，與紅山文化牛河梁祭壇的「三圓」，表意上是相通的，三個圓恰是對太陽運行軌跡的描繪，描繪的動機在於崇拜。

太陽關乎到了萬物的生長，對太陽崇拜是早期文明的通行，雙墩古人的崇日理念影響到了後世。只不過，雙墩古人的感悟比紅山人早了兩千年。

在雙墩遺址旁邊，是春秋時期鍾離國國君的大

▲**圖 7-12**　方形的刻畫意味著什麼？外廓為圓，內置為方，這是「天圓地方」理念的早期體現。

▲**圖 7-13**　這個刻畫，不但標示了東、南、西、北、中五向，還標出東北、東南、西北、西南方位。

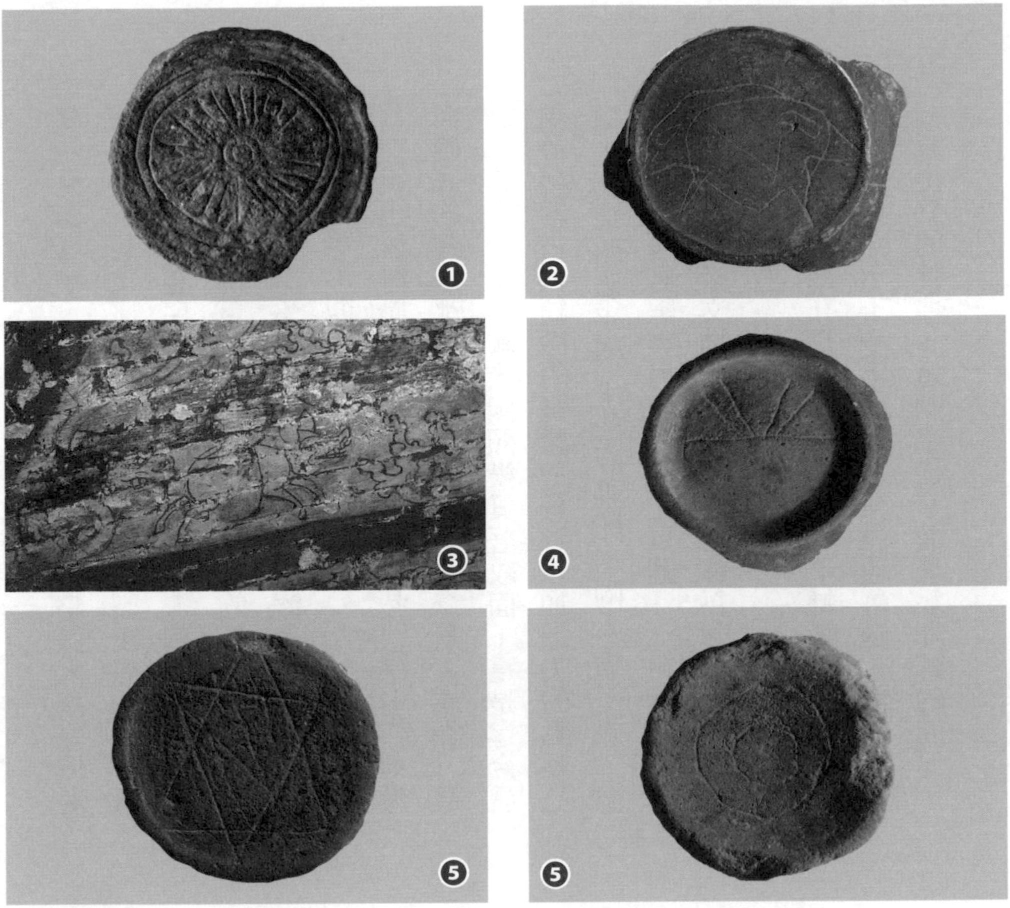

▲圖 7-14

❶ 雙墩文化的碗底刻畫。

❷ 二豬合一，兩個腦袋。夜晚，閱讀星空，七千多年前的雙墩古人率先勾勒出了對天象的感悟。

❸ 比雙墩文化晚了五千年的漢墓天象壁畫，畫中的豬也是兩個腦袋。雙頭豬所在的位置恰是北斗，雙頭豬是北斗的化身。

❹ 一條線，線的上方是放射線。《說文解字》:「一，地也。」直線表地平線。這塊陶片是對太陽躍出地平線前光芒四射情景的臨摹。

❺ 六角的刻畫源於對太陽神的追捧。

❻ 圓與圓的組合，連同碗底的外沿，共計三圓。

墓（見圖7-15），以主墓室為中心，整個大墓呈放射狀布局。有次序擺放於圓槨上的陶製土偶，象徵著由中及外的光芒，恰是對早期崇日理念的繼承。

碗底的刻畫與鍾離國國君大墓的布局，存在理念上的傳承關係，鍾離國人的宇宙觀念是從雙墩古人那裡繼承來的。

出土於雙墩遺址的陶人像，其前額上的刻畫與碗底的刻畫都是太陽崇拜理念的寫照，或許，這是一尊太陽神。陶人兩頰橫貫著紋面，這是迄今發現最早的古代紋面的實證。有意添加進去的點點亮白，為這張臉平添了些許神祕。陶人嘴半張，微翹，呼應著圓眼與弓眉（見左頁圖7-16）。此文物被定為國家一級文物。學術界將它尊為神祖，並將它與遠在遼寧的紅山女神相提並論。

考古人員在挖掘現場還發現了蚌殼密布地帶，由此可見，七千多年前，這裡溼地蔓延。我們前面一直提到的蚌埠，這兩字從字面理解即蚌的商埠，

▶**圖 7-15**　雙墩遺址旁邊的春秋時期鍾離國國君的大墓。

▲圖 7-16　陶人像。雙墩遺址出土的陶人像，圓臉，典型的中原人特質。頭頂，亦是圓環設置。萬物皆靈，天上的太陽是至尊之神。

▲圖 7-17　這是雙墩古人的自畫像還是對同伴的描述？眉目傳情，透露著滿滿的愜意與輕鬆。

或許就是因為蚌多而得名。

探究雙墩刻畫，有一點至關重要，就是該怎樣定位經過修飾的碗底？令考古人員驚詫的是，**凡帶有刻畫的碗底，直徑都在八十公分上下**。為什麼雙墩古人偏要將碗底作為刻畫的載體？將陶碗倒扣過來，疑問便解開了。天是至尊之神，倒扣過來的碗如同一個蓋子，於是，碗成了天的替身，碗底便也順理成章的成了雙墩古人表述感悟的載體。對雙墩刻畫的解讀需要置於宗教的理念之上，房子、水波、小鳥，還有樹枝、禾苗等，都是天國的聖物，都是信奉萬物有靈的雙墩古人心目中的神。

七千多年前，碗是雙墩古人少有的家當之一，將刻上符號的碗砸碎的動機在於對神的敬仰。雙墩古人在這裡究竟砸碎了多少陶器？

考古人員對土丘及周邊進行探查，探查的結果，陶片堆積最厚的地方超過一公尺。粗略統計，僅第一層祖露出來的陶片，就能組合成上千件陶器。以一般家庭基本的陶器擁有量推算，每次祭祀都會有上千人聚集於土丘。

而七千多年前，燒製陶器不是一件容易的事，家中若能有個像樣的飯碗，真可算是富貴之家了，陶碗可是重要家當。自砸飯碗，自然不是為了在碗底刻畫，而是借助碗底溝通神靈。曾經被人們稱作有鬼怪作祟的墳崗荒丘，在七千多年前可是一處聖地，雙墩古人聚到這裡，為了敬神。

不過，說到重要家當，**雙墩古人的飯碗與當今的飯碗在外形上完全一樣**。碗，是不是雙墩古人的原創，這事值得推敲。

考古人員在密集的陶片中間還發現了大量的獸骨，但是，未見完整的動物骨骸。這些獸骨中，大都是動物的頭骨或腿骨等便於攜帶的部位，可以肯定的是，雙墩古人是提著被肢解的獸肉聚集到土丘來的，至於野獸身上的肉，當然不會浪費。

可以想像捧著大碗的雙墩古人的餐食是很豐富的，使用各種陶器可以煮米飯、烹河鮮、燉野味……七千多年前，雙墩古人飯碗裡的美食比起當今並不遜色。

據悉，有關部門已經將雙墩確定為文化遺產保護基地，這一點，就連村裡的人都無法理解。大多數人覺得，花很多錢保護一文不值的陶片根本沒意義。民眾不理解不為過，這麼說吧，因為陶片隱含著的文化價值難以估量、無與倫比，有專家說，民眾不理

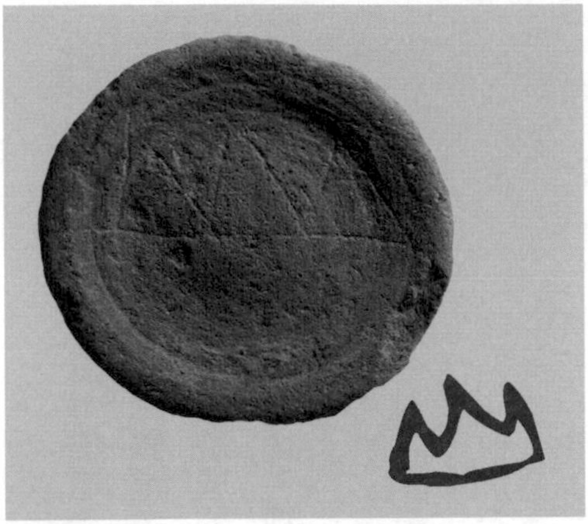

▲**圖 7-18**　三角形表示山，圓形表示天。這一組合符號展示的是「山在天的籠罩之下」，亦是雙墩古人「天圓地方」理念的反映。右邊是甲骨文「山」，兩者一模一樣，對山的形象化表述，至少在距今七千多年的雙墩就已經出現了。

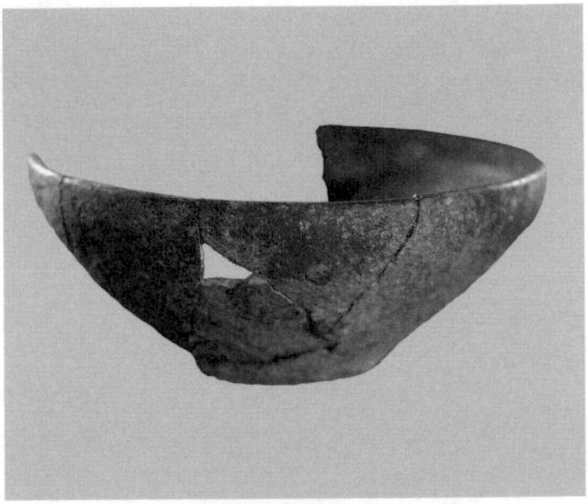

▲**圖 7-19**　大碗以飽食，吃關乎到了族群的延續。令人稱奇的是，國內同時期的其他文化遺址，均未出土過如此規整的碗。

▲**圖 7-20**　甑，用以蒸食物，相當於當今的蒸鍋。

解恰恰說明考古知識亟需普及，堆積在雙墩村旁邊的陶片當然需要大力保護，有了這個普及歷史、考古知識的課堂，不愁老百姓讀不懂陶片——讀不懂陶片展現出來的文化價值。至於說，現身雙墩碗底的刻畫究竟能不能被算作最早的漢字？學術界的爭議呈現出截然不同的兩種對立看法，何時才能塵埃落定？沒人說得清。

▲圖 7-21　神祕的雙墩遺址。

第八章

故郡遺址車馬坑

被歷史遺忘的「戰國第八雄」

河北省行唐縣有個村子叫故郡。從名字上分析：故者，舊也；郡，城也。雖然當今的故郡是一個村，但這裡曾經是一座城，而且輝煌過。這是兩千多年前的事了。當然，能夠揭示故郡曾經的輝煌，在於考古隊的進駐和考古人員多年來不懈的努力。

對於當今的人們來說，古遺址都是不可逆的，也就是說，一旦因為挖掘出錯致使文物損壞（甚至是出土位置被改變等），就意味著很多文化資訊的遺失，而文化資訊一旦遺失便不可能補救。為了確保挖掘過程萬無一失，近些年，許多考古工地都採取在現場確保文物安全前提下，將文化遺存整體打包，把它們搬進風颳不著、雨淋不到的室內，考古界管這叫「實驗室挖掘」。

這次參與實驗室挖掘的考古人，除了河北省文物考古研究所的專家們，還有來自社科院考古所、北京科技大學的專業團隊，多學科的介入，令春秋戰國時期中山國的車馬坑挖掘，具備了全新的挖掘理念。

中山國在春秋戰國時期的大格局中，只能算作生存於列強夾縫中的一個小國，這個由大西北遷徙而來的草原民族建立起來的國家，長期斡旋於大國之間，當然中山國的立國之本在於它有很強的軍事實力。所以，雖然地小人少，但中山國硬是在血雨腥風的春秋戰國時期存在了很長時間。如同周邊的大國一樣，中山國吸納了中原文化，它的強盛亦展現在戰車的數量上，不過，本次挖掘的車馬坑卻非戰車，而是大墓主人出行的車隊。古人認為，人死是到另一個世界開始新的生活，所以需要陪葬車馬。

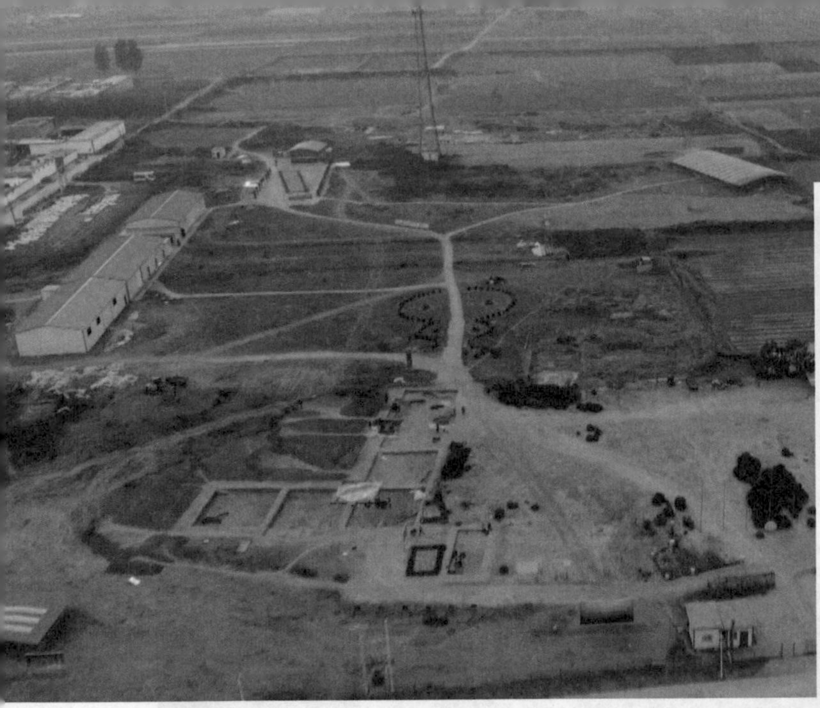

▲**圖 8-1**　河北行唐故郡考古中山國車馬坑，5 車 16 馬，車身露出了金器，考古隊決定將這些車馬分別裝箱搬進實驗室，做實驗室挖掘。

▶**圖 8-2**　在兩千多年前，中山國裡有位貴族死了，但在行唐故郡中山國古遺址的挖掘，迄今仍未確認這是哪位貴族的墓地。

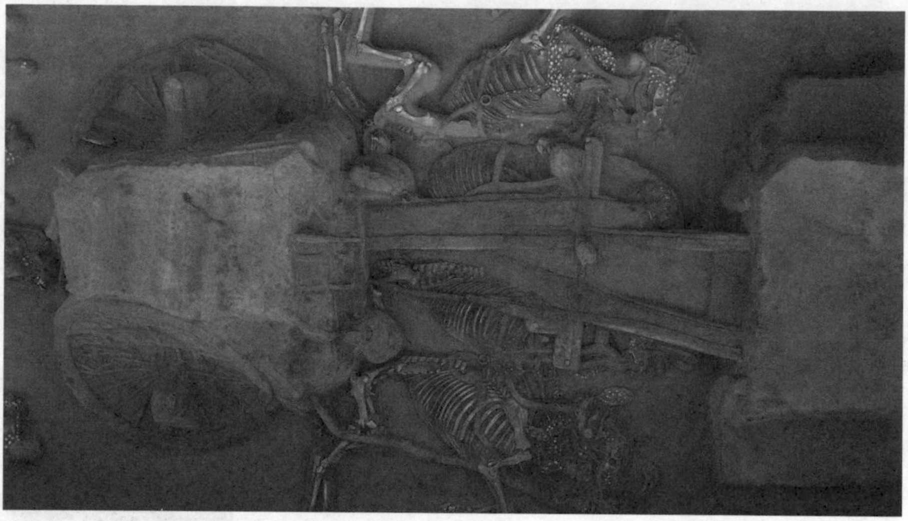

▲**圖 8-3**　露出一半車身的是 5 號車，有 4 匹馬的是 4 號車，處於車隊最前面的 5 號車未配馬匹，考古挖掘從它開始。

▲**圖 8-4**　貴族的墓葬中，以車馬陪葬的並不鮮見，出土於太原的車馬坑，有十幾輛車、幾十匹馬，甚為壯觀。

車馬坑出土於中山國一處貴族大墓的旁邊，而貴族大墓裡的陪葬極盡奢華，奢華到何種程度？有圖為證（見下頁）。

在這位貴族的大墓裡，其生前使用過的車隊也被埋進了黃土，生者認為墓主人在另一個世界可以繼續享用。兩千多年以後，五輛車和十六匹馬被考古人員挖掘出來，並且分別裝箱搬進了為這幾輛車加蓋的特別實驗室裡。五輛車中，唯獨排在車隊最前面的五號車沒有馬匹陪葬，考古人員決定實驗室挖掘工作從它入手。

數年前，故郡村改土造田，在挖土機的大鏟下挖出了千年古墓，發財心切的村民們蜂擁而至，有人當真搶到了文物（寶物），不過公安機關及時趕到，村民們搶、挖出來的文物都被收繳，當事人也受到了法律制裁。隨即考古人員進駐故郡村，開始對中山國遺址進行大規模挖掘。

將考古現場原封不動的搬進實驗室後，考古人員在挖掘車馬時，借來了機場、法院等地方使用的金屬探測器（後面簡稱探測器）。考古人員拿探測器在車身上一掃，頓時，探測器發出了清脆的「嘀嘀」一聲，難道泥土下藏著大量金屬？（會是金子？）每個鳴響點都被考古人員插上了牙籤，有的放箭，這次的考古挖掘令人期待啊。可是期待歸期待，經過一段時間的挖掘，還未見到啥寶物，問題卻來了。從現場情況看，下葬時，兩個車輪是被卸下來，斜靠在車廂兩側，這種情況嚴重影響了進一步的挖掘工作，因為要挖掘又絕不能傷及車輪。

◀圖 8-5　龍虎純金牌飾，大小如A4 紙，這件寶物，即便是在兩千年前，亦是價值連城。

▶圖 8-6　青銅瓠壺，歪脖，形似葫蘆，如此形制，在講究四平八穩的古代青銅器中很少見。來自草原的中山國，別具一格。

◀圖 8-7　青銅敦，鎏金紋飾，典雅高貴。有意思的是，這件青銅器上下完全對稱，把它翻個身，跟翻身前相比，別無二致。

▶圖 8-8　純金虎牌，大虎身下有三隻小虎，嬉戲玩耍，靈動稚雅。

▲圖 8-9　鎏金金銅鐓，裝飾在戈、矛等長兵器尾端的器物，做工如此精美的青銅器，即便在春秋戰國時期亦是身價不菲，用它裝飾的兵器應該不會用於實戰。

▲圖 8-10　青銅馬具，固定在車身，有可能被用作插小旗子。

▲**圖 8-11**　瑪瑙手環，用料上乘，做工極精細。

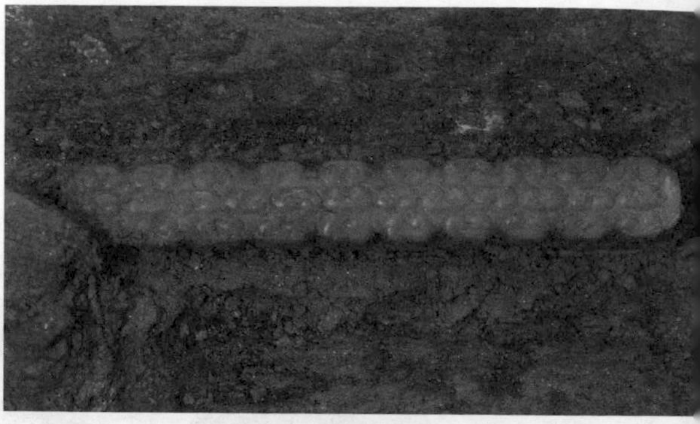

▲**圖 8-12**　玉飾件，繁複的紋飾，在春秋戰國時期飽受追捧。

▲**圖 8-13**　金手環，展現了古人對金子的情有獨鍾。

▲**圖 8-14**　寶石與黃金，串飾，想像得出來，佩戴這串飾品的人，盡顯高貴。

▲**圖 8-15**　黃金鎧甲，青銅利劍，兩千多年前，大墓與車馬坑的主人出行，金車、金甲，威風氣派。

考古人員急切的想要見到已經確定位置的文物，但更為重要的是，車廂的結構必須得搞清楚，凡此種種，唯有摘去車輪。

經過一番漫長而又謹慎的操作，兩側的車輪都被提取了出去（見下頁圖8-16），接下來的挖掘無須我說，讀者便能體會出考古人員是怎樣的心情，因為考古挖掘出黃金的情況不多見，更何況古車乃春秋戰國時期的遺物，要知道在當時，包括周王室在內的各諸侯國，黃金尚未被推崇為絕頂的寶物。挖掘之初見到的黃金僅是小小的碎片，根據碎片判斷不出器形，接下來的挖掘，黃金器物終於露出了真容。

接著挖掘，考古人員當真開眼了。整個車身露了出來，自前往後，現身了二十四隻「黃色小鴨」。

「黃色小鴨」被貼附在青銅襯墊上，青銅襯墊又被固定在車廂上（見第一九一頁的圖8-18）。

相伴著「黃色小鴨」的還有璧形金器。璧是禮天的器物，是古代典型的中原器物，一般情況下，璧由玉製作，因為古人認為玉能通神。而中山國的貴族別出心裁，以金為璧，改變了通神的媒介，如此做法的動機是啥，令人費解。

在車身右前方，考古人員發現了青銅牌，青銅牌上會有能證實大墓與車隊主人身分的文字嗎？

不急，我先說個有意思的事。

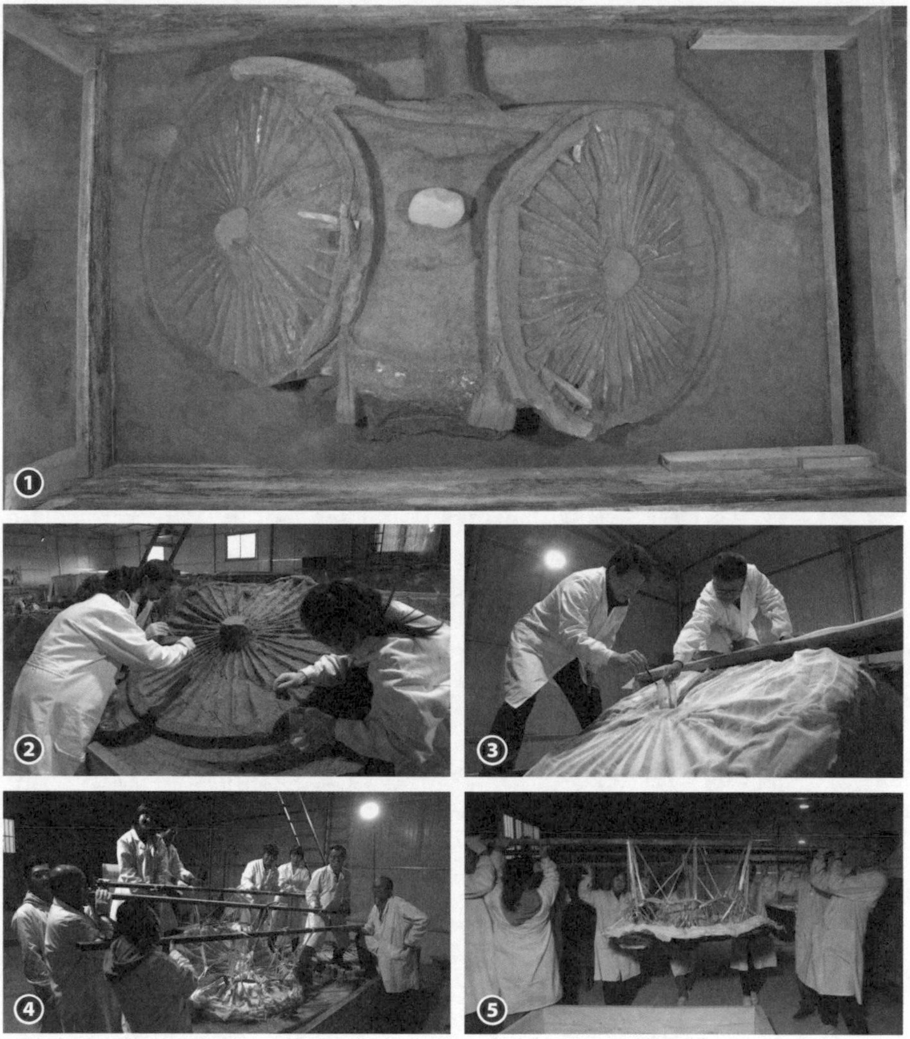

▲圖 8-16

❶ 木質的車輪早已和泥土融為一體，考古人員根據土樣的微小變化，清理出的僅是車輪的輪廓，車輪下是金飾。

❷ 摘取車輪要先利用特製的藥水加固車輪。

❸ 車輪的輻條都被襯上紗布刷上薄荷醇，為的是加固、黏連車輪。眼下，薄荷醇在考古挖掘中已被廣泛應用，它會在一定時間內揮發殆盡，且不會對文物造成任何傷害。

❹ 提取車輪，男女老少齊上陣。

❺ 車輪被提取出來以後，放在實驗室背光的地方，待薄荷醇揮發掉，就可以將附在上面的紗布揭去了。

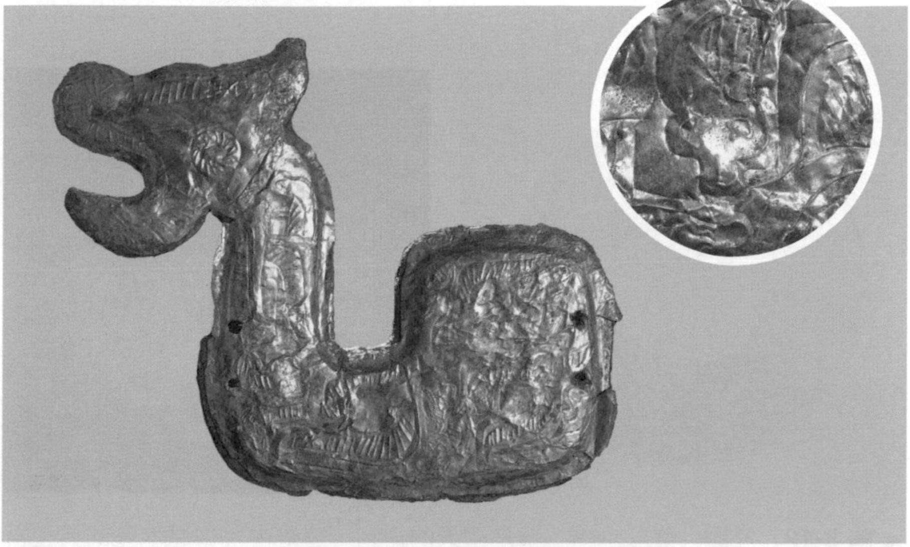

▲**圖 8-17**　乍看之下像極了前些年流行的黃色小鴨。黃色小鴨，薄薄的，細端詳，是虎頭蛇身，身上布滿了輾轉騰挪的飛龍。

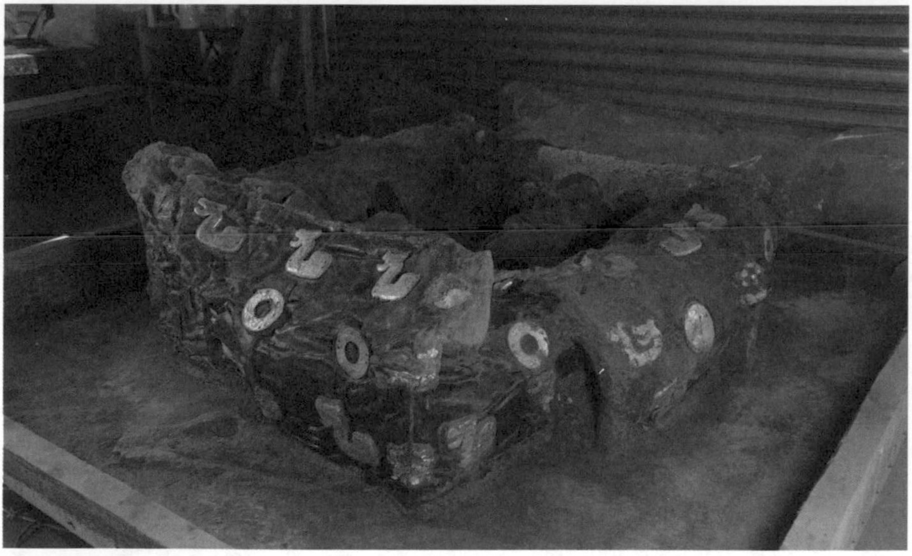

▲**圖 8-18**　車身上嵌著 24 隻黃色小鴨。

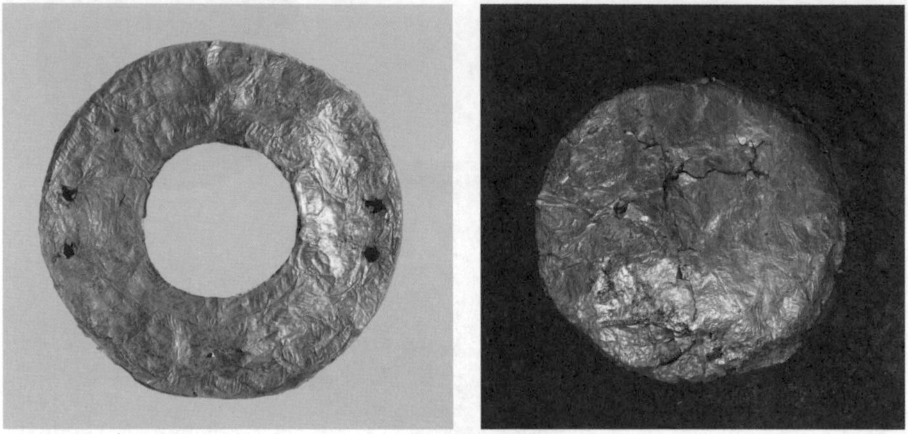

▲圖 8-19　左圖：璧形金器，璧是禮天的器物，這是古代中原地區的典型器物。右圖：圓形金飾，直徑 15 公分左右，貼附在車廂的後面。

在故郡的考古工地，有人養了幾隻羊和雞，還有孔雀、鴿子。領隊張春長曾放話，一旦找到能證實墓主人身分的證據，就宰羊慶賀。沒想到，這幾隻羊極其「命硬」，考古人員始終沒找到證據，所以，羊們活得很自在。至於考古人員發現並給予厚望的那塊青銅牌——令人大失所望，銅牌上隻字全無（見圖 8-21 下圖）。

完成了五號車的上部挖掘，接下來，需要給五號車翻個身，為的是挖掘車子的下部，以搞清楚車底結構，並提取挖掘車子上部時觸及不到的文物。實驗室挖掘的優勢在這一點上被淋漓盡致的展現出來，如此做法，田野挖掘絕對做不到。

可是由於木箱加固得不夠結實，五號車翻身的計畫被叫停了，考古人員決定，在包裹著五號車的木箱上再做一個鋼梁加

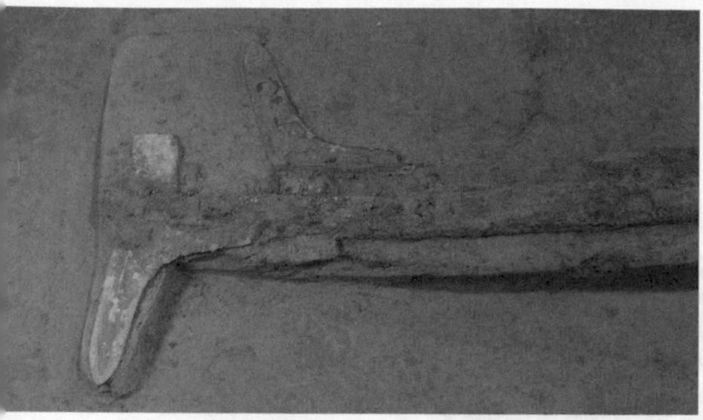

▲圖 8-20　左圖：青銅戈，這輛排在車隊最前面的車身上，一共出土了 8 支青銅戈——這應該是一輛「開路車」。右圖：青銅錐，勞動的工具怎麼會被擺在車身裡？這事耐人尋味。

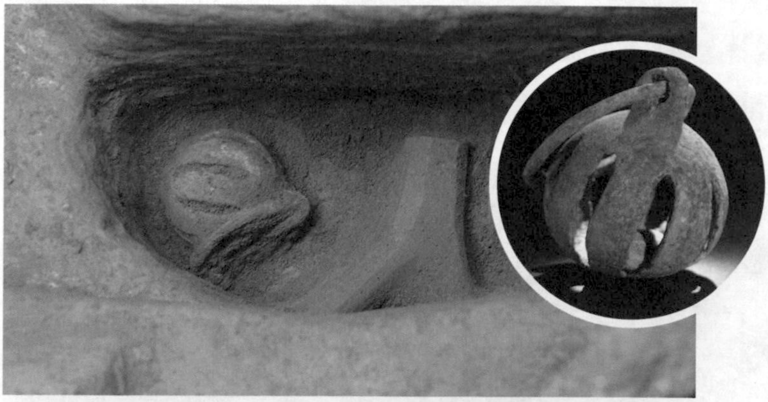

▲圖 8-21　上圖：鏤空銅鈴，出土於車廂的後部。以往挖掘出土的春秋戰國時期的車，曾見到過這樣的銅鈴，車行於途，鈴聲脆響。下圖：青銅牌，置於車身右前。

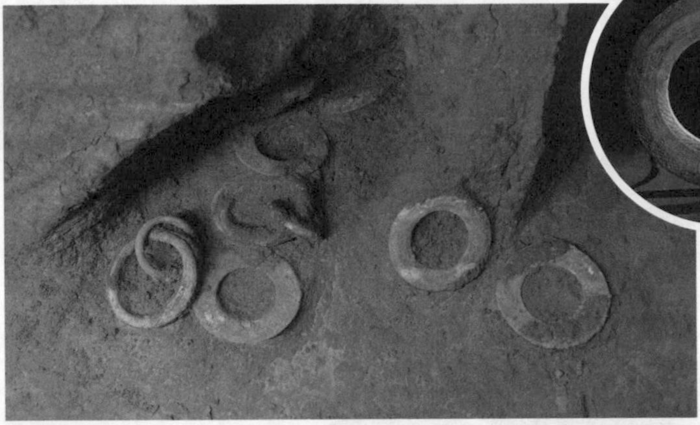

◀**圖 8-22** 車身上出土多個銅環，考古人員推測，這應該是馬具，用於駕馭馬匹。

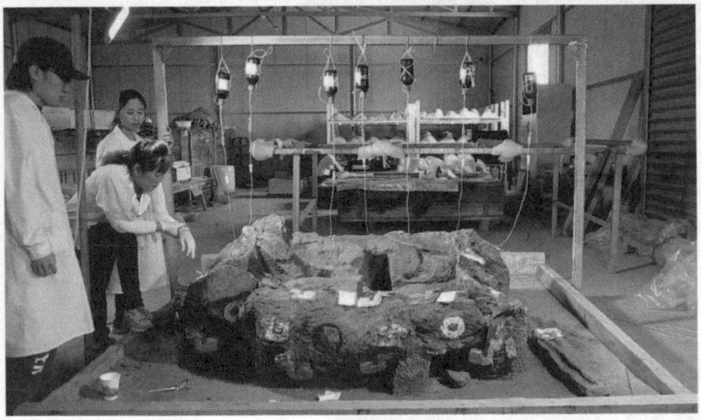

◀**圖 8-23** 加固車身。如同給病人打點滴，藥液被注射到車身朽毀的部位，車身得以加固，這麼做是為了文物的長久保護以及日後的深入研究，再有就是向公眾展出。

固，然後進行翻轉，以確保萬無一失。

完成了對五號車的大翻身以及實驗室挖掘，工作並沒有結束，接下來，挖掘四號車，也就是排在車隊第二位置上的「豪車」。以它所在的位置看，這輛車應該是車隊主人的御用，這麼說吧，應該是五輛車中最豪華的車。

四號車究竟豪華到了怎樣的程度？看看左頁圖 8-26 後幾張圖你就明白了。唯河北行唐中山國遺址的考古挖掘，目前還沒有發現可證實大墓主人身分的證據。

▲圖 8-24　車底。曾經的車架依稀可辨，如果是在現場挖掘，是不可能這麼做的，這就是實驗室考古的優勢所在。

▲圖 8-25　自上往下挖掘時，這只銅鈴已然現身，但陪葬器物的疊壓，讓考古人員無法將它們提取出來，將車翻過來後，挖掘和提取更便利。

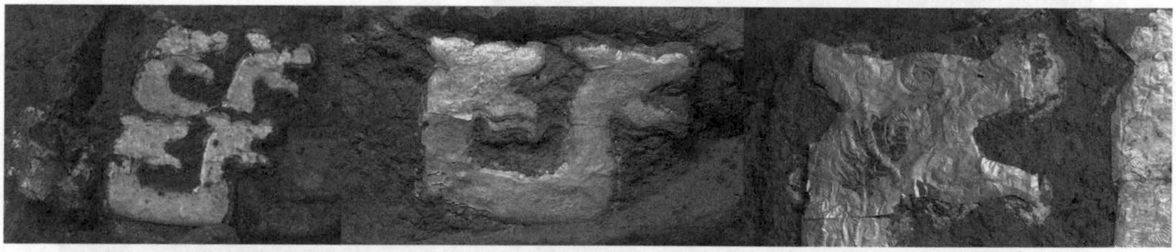

▲圖 8-26　雙頭虎，兩個腦袋，同一個方向，這就一點也不像黃色小鴨了。附身 4 號車車廂的金飾，比 5 號車上的金飾多了一個腦袋，但頭與嘴卻與 5 號車無異。

▲圖 8-27　清理 4 號車時，考古人員發現馬身上披滿了貝飾，距今三千年前，商代曾將貝當作錢幣，距今兩千多年的中山國將貝當作掛飾。

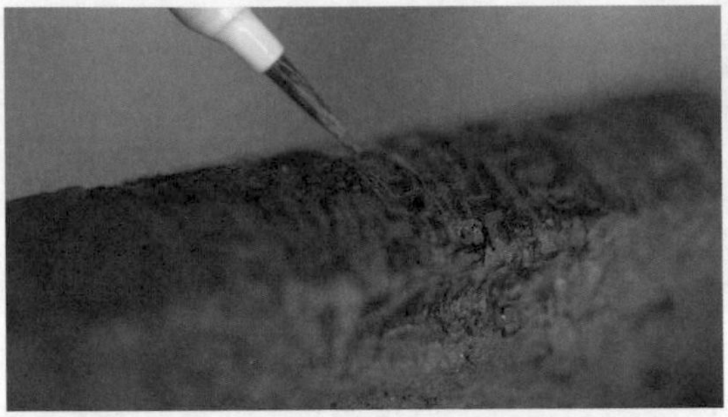

◀圖 8-28　戈柄，黑底髹[1]紅漆，圖案飄忽怪異。

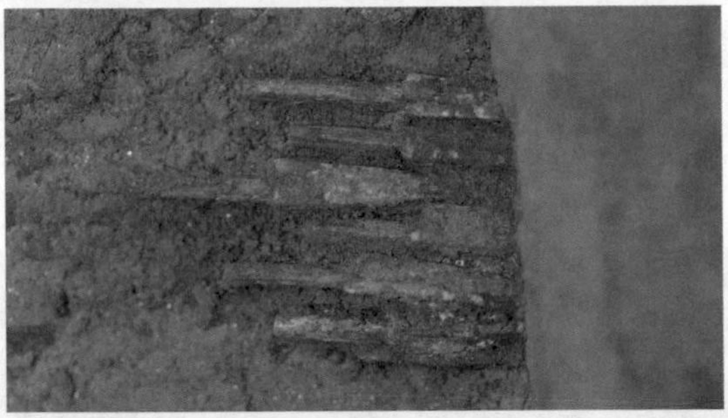

◀圖 8-29　箭鏃，雖經兩千多年的掩埋，仍舊彰顯著鋒利的殺氣。

▲圖 8-30　車廂上的漆畫，怪異、靈動，美輪美奐。

1 音同修，紅黑色的。

▲**圖 8-31**　骨質的馬銜，青銅的馬鑣。

▲**圖 8-32**　青銅戈。由夏至漢，戈歷時兩千多年，它是冷戰兵器中主宰戰場時間最長的兵器。

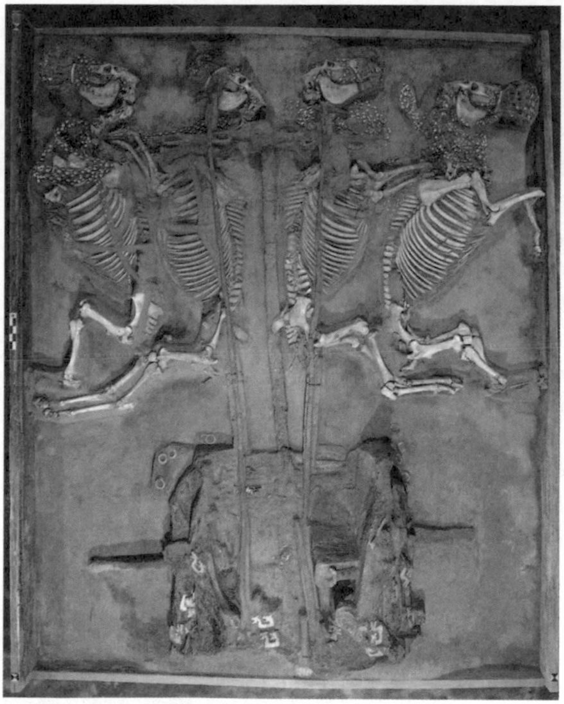

◀**圖 8-33**　中間呈方形的土質痕跡是早已朽毀的木質車轅，兩邊木棍式樣的是戈柄，戈柄縱貫車身，將近 4 公尺長，有可能這僅是依仗的擺設，而非實戰兵器。

▲**圖 8-34**　神祕的中山國。

第九章

木壘古墓群遺址

「7」是萬物主宰的化身

在新疆木壘哈薩克自治縣做挖掘的考古人員建了一個微信群組，群組名叫「大王叫我來巡山」，這靈感顯然源自《西遊記》。此次挖掘工作，誰是大王？誰是小妖？巡山，巡的又是什麼山？

此次考古基地位於新疆維吾爾自治區木壘縣，木壘，蒙古語，意為「彎曲的河流」。

群組的發起人還是那位巫新華——社科院考古所研究員，他是本次木壘縣考古挖掘的領隊。「入鄉隨俗」的我也被允許加入「大王叫我來巡山」的群組。當我打開群組時，一下子便被其中的聊天紀錄所吸引：挖掘進度、學術觀點、生活瑣事、民族民俗，甚至家長裡

▲**圖 9-1**　巨大的沖積扇如同下瀉的洪水，撲向廣袤的戈壁、無際的沙漠、綠色的牧場、金色的農田和神奇特異的胡楊林，大尺度、大色塊，相擁相容，匯聚出了木壘深邃的神奇。

短，群組裡應有盡有，而且，但凡是群組裡的「群眾」，誰都可以在那裡暢所欲言。於是，我待不住了，自告奮勇的自北京趕到新疆。事前，巫新華要我在烏魯木齊地窩堡機場等候所裡的陳超，他乘坐的是下一個航班。陳先生當時差一歲就八十歲，這麼大歲數竟然也有興致前往工地，想必木壘是個絕佳的去處。

說到陳超，有個小插曲挺有意思，一直被我津津樂道。二十多年前，在西藏，陳先生的高原反應[1]特別敏感，當時他在海拔兩千八百公尺的朗縣做挖掘研究，每日爬上爬下，辛苦勞動，一點事也沒有，可是一旦到了海拔三千公尺以上的地方，他就得抱著氧氣袋，瞇眼靜坐。

有一次，考古隊到另一處挖掘現場做調查，途中要經過一處海拔五千公尺以上的高山。臨行前，我和西藏考古所的司機索朗旺堆做了手腳，把車上的海拔表調低。翻越高山時，前後兩輛車停了下來，考古人員下車在雪地上撒歡兒[2]，這時，我觀察陳先生，但見他先是研究了一會兒海拔高度表，然後跳下車，加入了眾人的狂歡，但是，不到五分鐘，他似乎感覺到了什麼，跑到另一輛車上看海拔高度表，接下來，又抱起了氧

1　俗稱高山症。人到達一定海拔高度後，身體為適應因高海拔而造成的氣壓差、含氧量少、空氣乾燥等的變化，而產生的自然生理反應，海拔高度一般達到兩千七百公尺左右時，就會有高原反應。
2　指興奮而連跑帶跳。

氣袋，不再出聲了。事後，當他得知這是我和索朗旺堆搞的惡作劇後，故作怒狀，說：「我就覺得不對勁嘛！」我裝作很自責的表示：「都是我的錯，我要是將後面車上的海拔高度表也調了，你是不是就不會有高原反應？」陳先生漲紅著臉，沒說話。

說回正題，我在地窩堡機場等了一個多小時，陳先生終於駕臨。好傢伙，只見他一左一右各拉著一個拉桿行李箱，我問：「你是把家當都帶來了？」陳先生說：「春夏秋冬，整套行頭，新疆的氣候多變，有備無患。」而我這次僅帶了一個平日裡背的背包，陳先生竟然帶了兩個拉桿行李箱，看來，他比我想得周全。

三小時後，接我們的車開進了木壘縣城，在一家小旅店前，巫新華帶著眾多兄弟站在門口，夾道歡迎。巫新華相互介紹我們：「這位是新疆文物考古研究所的、這位是庫爾勒文物局的、這些是中央民族大學的、這些是新疆電視臺的。」二十幾個人，考古隊絕對是個大家庭。與眾人客氣的握手寒暄之際，有個念頭在我的腦海閃過：難道說這些人就是「巡山的眾小妖」？

吃過晚飯，已是深夜十一點三十分了，手機有簡訊提示，我看了一眼，群組顯示：十一點四十分全體開會。已然成為「巡山」一員的我，當然也得與會。言簡意賅，十五分鐘，分配了次日的工作。回到旅店，窗外漆黑一片，萬籟俱寂。

雖說當時已是北京時間的午夜，考古人員卻不能馬上休息，因為寫當天的挖掘紀錄是睡前必須做的事。考古隊幹麼要幹得這麼晚？這點我很不能理解。第二天早晨，早餐

▲**圖 9-2**　考古的祕訣：借助遺物對話古人，在木壘做考古，「對話」的過程需要慎之又慎，不放過任何蛛絲馬跡。

▲**圖 9-3**　有考古人調侃，考古就是挖坑。這個墓坑挖得可不淺，埋著逝者的位置距離地面足有 4 公尺多。

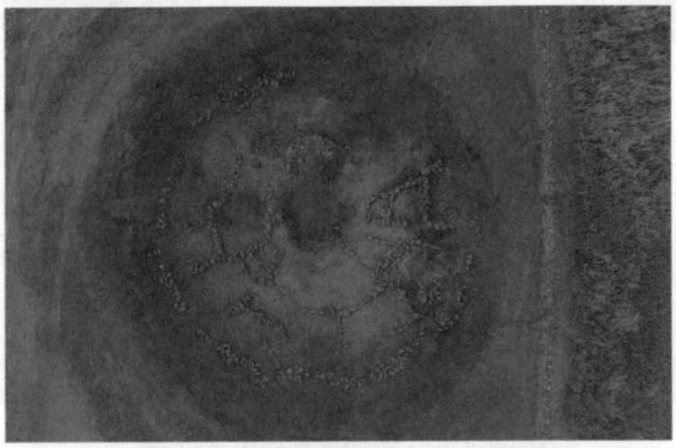

◀**圖 9-4**　去除表土，大墓石陣呈現放射狀，猶如光芒四射的太陽，這是太陽崇拜理念的寫照。

時間是九點三十分，這是早餐還是午餐呀？我再次不解。吃過早餐，所有人全副武裝上車，直奔考古工地。在上工路上，我們穿行於天然的大花園。木壘縣作為一處旅遊地，其推薦語是：木壘，一個養心的地方。

上午十點，懶洋洋的太陽爬上慢坡，暖暖的。考古工地位於山頂，平日此處僅有牧人和牛羊相伴，而且這種場景延續了三千多年。

今天，考古人員要在山頂挖掘，他們要先將鋪在墓穴之上的石頭搬走。搬石頭並非輕而易舉之事，每塊石頭、石頭與石頭間的關係都得搞清楚並詳細記錄。

▲圖 9-5　清理過後，這處遺址裡除了人的骨頭，就是以獸骨製作的裝飾品和狩獵、征戰的箭鏃。

▲圖 9-6　出土於安徽蚌埠雙墩遺址的碗底，距今七千兩百年了，雙墩碗底刻畫，木壘大墓石陣，兩者展現出來的文化理念是相同的。

▲圖 9-7　四川成都金沙遺址出土的金飾，距今三千多年。飛鳥圍繞著太陽。當今的學者將它尊為太陽鳥，它被推舉為中國文化遺產標誌。太陽鳥與木壘石陣都是太陽崇拜理念的反映，古時，太陽崇拜很普遍。

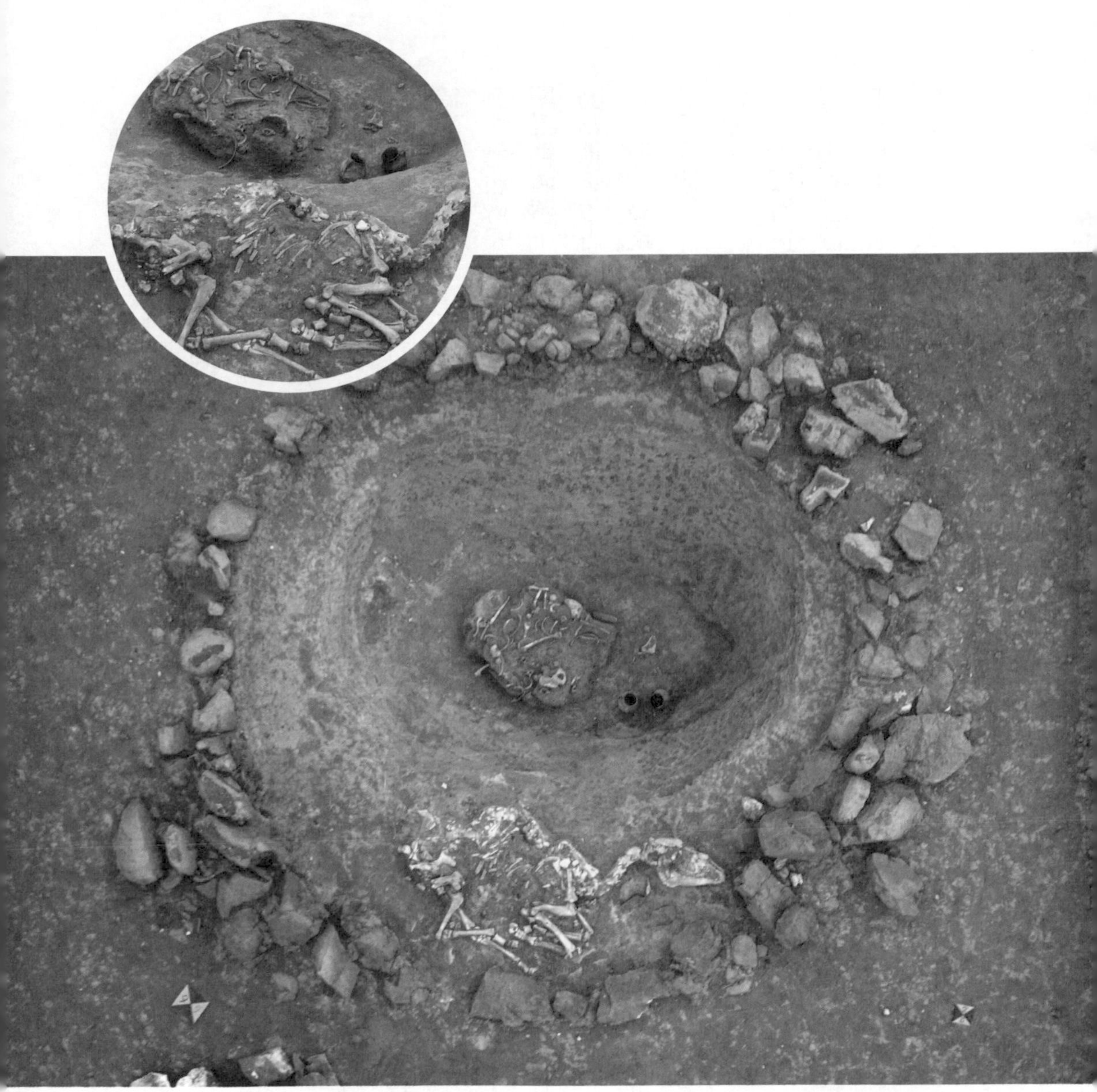

▲圖 9-8　石頭擁裹著作奔跑狀的馬，在古人看來，騎上快馬能追上東出西沒的太陽。

搬完石頭，考古隊員開始挖掘大墓，可是挖了一個人多的深度，還是沒能見到埋葬死者的地層，我有些踟躕了，是在原地靜候，還是移師他處？據考古隊員說，本年度的考古挖掘，涉及秦嶺西梁、東梁和南梁三處遺址。我們當時就在西梁挖掘。就在我舉棋不定時，東梁傳來好消息，部分遺址的挖掘已見端倪。

根據東梁挖掘的墓裡的骨骼，考古隊員判斷死者是一位成年男性——戴耳飾、佩彩珠、纏金箔（見左頁圖 9-11）。大家才剛感受了東梁的考古挖掘，西梁的工地傳來見到陪葬品的消息，事不宜遲，我返回了西梁。原以為西梁的大墓裡也會有重器出土，沒想到，考古隊員正在挖掘的，僅是一匹馬的遺骸，記者不禁有些失望。不過，考古人員卻顯得很興奮，這是考古挖掘發現的、第七匹陪葬的馬了。在考古工地上，馬隨處可見，因為牠是考古人常用的交通工具，而埋葬在這裡的古人將馬當作親密的伴侶。

考古發現，野馬的馴化源於生活在木壘山地草原上的古人，墓葬裡的古人有可能是最早的馴馬部族。蜷曲在墓穴裡的為蒙古馬，這種馬的個頭不高，但耐力很強，善長途跋涉。

午飯過後，已是下午三點多，接著全體午休。考古隊藍色的帳篷點綴著山谷，很耀眼。山谷很靜，靜得像是將時空都凝固住了，唯有小溪低吟淺唱，不知疲倦。休息到下午四點半，大家重返考古工地，繼續工作。為了趕進度，考古隊從縣城招來了五十六位臨時工幫忙去除雜草，巧的是招來的清一色是中年婦女，而且民族各異。

▲圖 9-10　這是典型的草原民族葬式，側身屈肢恰如胚胎，古人認為事死如事生，死是生命輪迴的起點。

▲圖 9-9　溝壑擁裹著的坡頂，像是高懸的孤島，平展而開闊。有考古隊員說，木壘的挖掘現場是世界上最美的考古工地。

▲圖 9-11　金箔，出土時纏繞著死者的指骨，它的功能很明顯，相當於戒指。

▲圖 9-12　純金的耳飾，圓與墜的搭配，體現著典雅的尊貴。

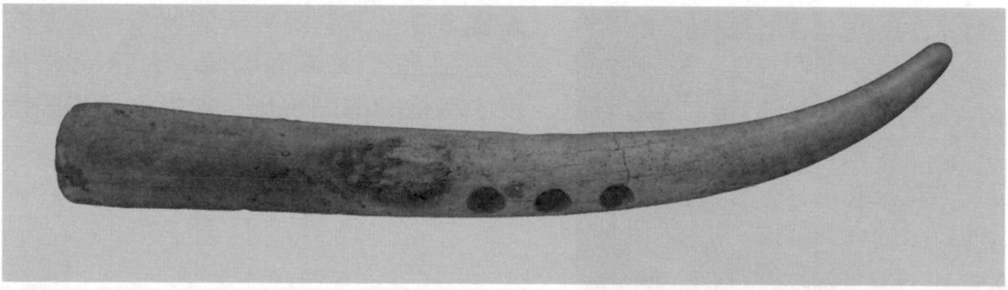

▲圖 9-13　在鹿角上鑽孔，這件器具的用途是什麼？考古隊員無解。

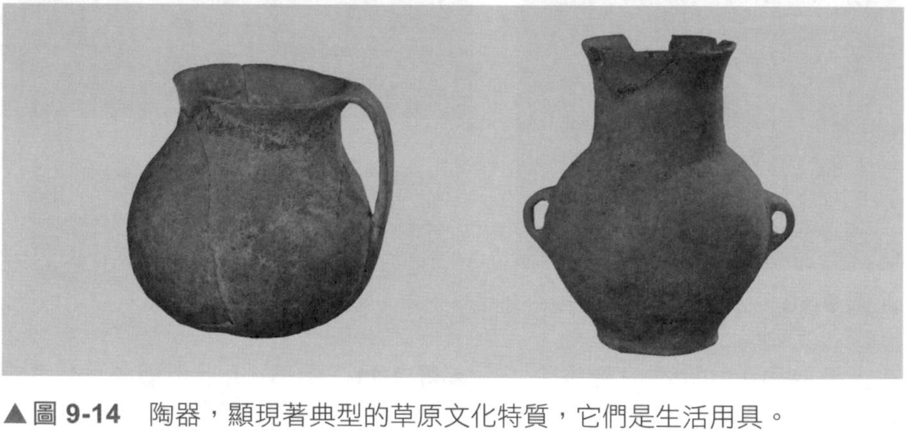

▲圖 9-14　陶器，顯現著典型的草原文化特質，它們是生活用具。

比起其他兩個挖掘現場，南梁上的考古工地離雪山最近。在這裡，羊群是坡地上的主角，夏季，羊在山上飽食，山上是夏季牧場；冬季，牧羊人會將羊群趕下山，到海拔較低的冬季牧場放牧。

從石頭壘築的形狀和形式來看，南梁的中心大墓規模不小，令考古隊員驚喜的是土方邊出現了一座小墓，墓中的人骨雜亂不全，為二次葬，未見陪葬器物，墓穴由石板壘築而成，積石為塚。如此葬俗，考古人員在距離木壘數千公里外的遼寧省朝陽市牛河梁紅山文化遺址見過。兩地相距甚遠，而木壘平頂山墓葬與牛河梁墓葬在文化理念卻是相同的。根據在南梁做挖掘的考古隊員說法，在南梁周邊

▲**圖 9-15**　考古隊的臨時駐地。方圓幾十公里內都沒人居住，即便是 7、8 月，這裡溫度也不高，涼爽。

高起的慢坡上，幾乎都有同時期的文化遺存，依託著巍峨的天山，古人在山高路險的地方修築墓葬，意在地勢越高，離太陽就越近，死後融入太陽，相伴至尊之神。

天有不測風雲，記者來到木壘的第三天早晨，大雨不期而至，群組裡通知：上午全體人員休息；下午，參觀縣博物館。令我們沒想到的是，僅有八萬多人口的木壘縣，博物館的館藏文物卻十分豐富。

古時，木壘是東西方文化、商業往來的要道，長途跋涉的商賈來到山頂時都得歇歇腳，而左頁圖9-16這個石碑正好為路人指道，它是在新疆境內發現距今最早的交通標誌。

木壘處在古代絲綢之路的中段，是東西方文化和經濟交流的樞紐和中繼站。實際上，東西方的交流早在絲綢之路之前就已經存在了，最直接的例證：歐洲的旱地作物，也就是黍和粟是由中國傳過去，而中國人後來種植的小麥是自歐洲傳進來，兩種作物的傳播並非跳躍式的，而是歷經了數百年「步步為營」傳播開的，這兩種作物都曾在木壘駐足，木壘暨絲綢之路充任的是作物傳播接力站的角色，**沒有絲綢之路，黍和粟就到不了歐洲，小麥也就進不了中國**。

考古所在的山頂上所有的遺跡，都將石頭作為表述心態的媒介（見第二一二頁圖9-17、第二一三頁圖9-18），要麼放射如日、要麼壘石為棺、要麼以石為祭。就像第二一五頁圖9-21中南北走向的十三座封堆（十三連墩），一字排開，中間的封堆比兩旁的要大得多。

▲**圖 9-16**　這塊石碑碑文刻在一整塊鵝卵石上，碑首：指南車；下首：四方君子，此處常見往來迷路，本郡平頂山戶民陳義不忍坐視，南道大路，北道岔路，不可行走，咸豐八年四月十日立。

▲**圖 9-17**　捲曲旋轉，趨向於中，歸結成圓，這是草原藝術的原創。

▲**圖 9-18**　兩千多年前，一個頭戴尖頂帽，白皮膚、深眼窩的族群，開創了騎馬彎弓的游牧文明。感悟自然，這一族群在草原深處矗立巨石。

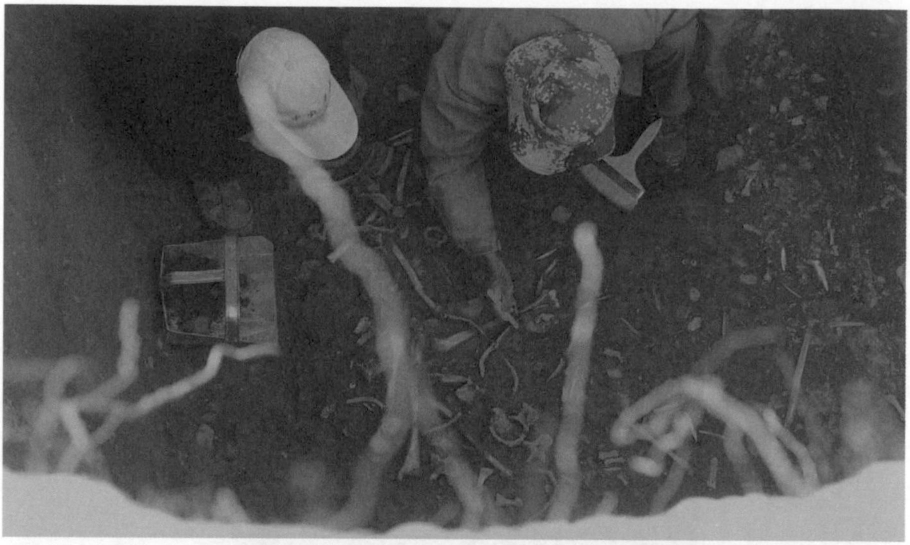

▲圖 9-19　與中原講究厚葬不同，游牧民族通常不會把為數不多的家當帶進墓穴；把它們留給活著的人，才是實惠。

▲**圖 9-20**　在這座墓葬中，未見到人的遺骸，僅有一些沒有頭的馬和條石，這應該是一個祭祀場所。因為祭祀，宰殺馬匹，而旁邊條石應該也是用作祭祀的。

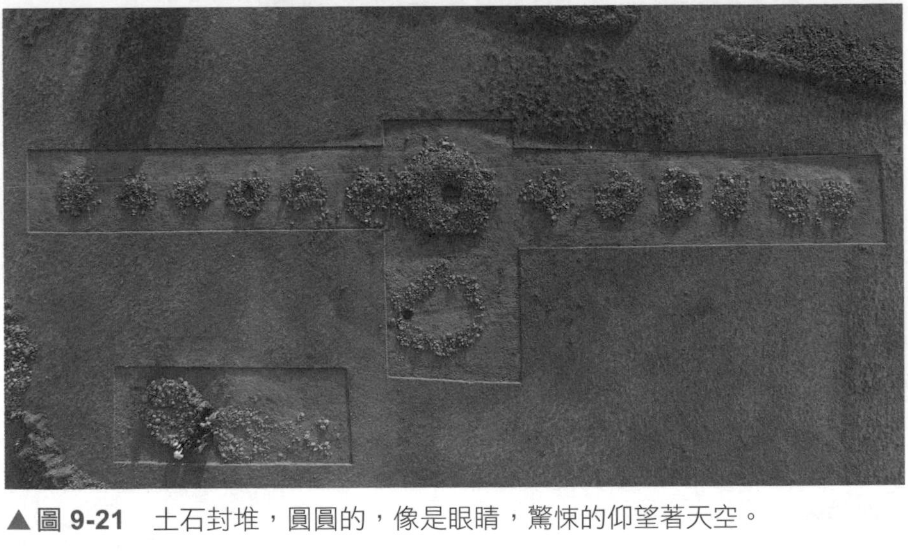

▲**圖 9-21**　土石封堆，圓圓的，像是眼睛，驚悚的仰望著天空。

在對這排封堆的挖掘中，未見墓葬，考古隊員推論，成排的封堆是祭祀場。修建祭祀場，為什麼要將封堆修築成排？更令考古隊員稱奇的是，不管從哪邊數，大的封堆都處在七的位置，考古隊員認定，這是古人對「七」崇拜理念的寫照。

古人對「七」的崇拜，早已有之，究其根源，在於天象，金木水火土，五顆星，再加上日月。**古人認為，「七」是萬物主宰的化身**。就像北斗七星，昭示著亙古不變的永恆。即便是在當下，若家中有長輩去世，家人也要守喪七七四十九天。

回過頭來，看看群組裡的一個熱門話題：木壘墓葬裡死者的種族所屬。透過對出土文物的鑑別，墓葬

▲圖 9-22　考古隊員推測死者有可能是斯基泰人，根據的是俄羅斯圖瓦共和國（Tyva Republic）現世的同類遺址，大墓的形制與木壘墓葬顯現著相同的文化特質。

裡的人下葬時間在西元前一〇〇〇年至西元前五〇〇年之間，按史料記載，在這段跨度五百年的時間內，木壘曾居住過一個勢力強大的部族叫做斯基泰。西元前五〇〇年，強大的斯基泰人銷聲匿跡，他們去哪？怎麼就蹤跡難尋了？一直以來這是一個謎。

因為要趕去別的工地，我不得不在沒有看到最終挖掘結果時，就告別了大美木壘、告別了激情似火的考古隊員。有兩件事需要解釋一下，第一件，考古人員的作息時間（按北京時間），上午十點開工，午餐在山上吃乾饢，喝礦泉水；晚上九點半收工，回到駐地，十點吃晚餐。有一天晚上收工，我們要回駐地時天已全黑，路上遇到了吃飽的羊，不疾不徐的走在車前面，任憑你怎麼按喇叭，仍舊我行我素。

為什麼考古人員的作息時間都往後推？原因很簡單，考古人員依循的是北京時間，但作息依照的是木壘的日出日落，這麼說吧，晚上九點半，八月的木壘仍舊豔陽高照。

第二件需要解釋的事：「大王叫我來巡山」中的「大王」到底是誰？

「大王叫我來巡山」群組成員中，既有年逾六旬的老考古工作者，也有二十歲出頭、學考古的年輕人。而這位「大王」據說就是領隊巫新華，但他不承認。考古隊中還有新疆文物考古研究所的張鐵男，和社科院考古所新疆工作站的姜傑，他倆也不承認自己是「大王」，戴眼鏡的庫勒爾市文物局副局長覃大海，和本文開頭提到過的社科院考古所的陳超，他倆亦是矢口否認自己是「大王」，而來自中央民族大學的在校研究生清一色是娘子軍，她們僅承認自己是聽令巡山的「小妖」。到最後，這位「大王」到底是誰？考古隊員表示，這事只可意會。

「大王叫我來巡山」，雖遠離都市，遠離喧囂，但考古挖掘一點也不枯燥，因為「巡山」，考古人有機會在第一時間見證往古，破解疑團，再有就是，山南海北、男女老少湊在一起，熱鬧！

▲**圖 9-23** 新疆木壘古老岩畫。

第十章

呼倫貝爾石板墓

嘴叼鎖骨的神祕遺骸

呼倫貝爾令人神往，這裡不僅有廣袤的草原、秀美的群山、靓麗的河湖，還蘊藏著古老而深邃的文化淵源。時間為筆，大地為卷，呼倫貝爾是一部歷史、自然與人文的鴻篇巨帙。呼倫貝爾的地域面積很大，相當於江蘇省加上山東省的面積總和。有人說，沒到過呼倫貝爾就不知道什麼叫草原；考古人說，沒到過呼倫貝爾，對中國歷史的了解就存在缺失。

二〇一九年夏天，內蒙古文物考古研究所聯手呼倫貝爾民族博物院，執行對呼倫貝爾石板墓的挖掘工作。此次挖掘的考古工地不算大，但對於呼倫貝爾這一方來說，此次挖掘研究工作尚屬首次，因此意義非凡。至於挖掘會有怎樣的收穫，這就如同來去匆匆的白雲，說不清來路、道不明歸宿了。可正因為說不清、道不明，才要挖掘。（順便說一下，在呼倫貝爾做田野考古，唯有七月和八月可以做。一月至六月，地還沒有完全解凍，刨不動；九月到十二月下雪，天氣冷，做不了——冬天的呼倫貝爾到底有多「涼快」？有一年冬天，呼倫貝爾的朋友打電話邀我去玩，我說：「不去，太冷了，凍死了。」他說：「今年不冷，才零下四十二度。」這麼說吧，呼倫貝爾的根河市，極冷的紀錄是零下五十六度！）

這次來草原考古，認識了哈達。二十多年了，哈達走遍呼倫貝爾的山山水水。平日裡，哈達的話不多，為人處世很低調，不過，只要他開腔，總能炒熱氣氛。

▲圖 10-1　草原深處，考古工地有個規矩，每天開工前，所有工具都要擺放整齊，收工時，也要擺齊才能裝車，考古隊員說，這是出於對古人的尊敬。

▲**圖 10-2** 置身考古工地，環顧四周，任何一個方向都能看到地平線，天大地大，想心情不好都不行。

▲**圖 10-3** 板墓。青銅時代遺物，突兀於廣袤的草原。

上文中我提到的二〇一九年石板墓挖掘工作，工地位於呼倫貝爾市新巴爾虎右旗的額爾頓山，名曰山，實際上叫土丘倒是更貼切。坡地上，黑灰色的石板圍築起來的墓室，靜臥於綠色的草原上，很顯眼。古人因地制宜，就地取材，壘石為墓，如此葬俗，曾經在歐亞草原廣大地區流行很長時間。那麼葬在石板墓裡的草原游牧民族，是些什麼樣的人？

經過一番挖掘，遺骸裸露。在場的蒙古族考古隊員說，早些年，草原上有將獸骨叼於死者口中的葬俗，問題是，現在挖掘到的這位死者，叼著的顯然是人的鎖骨（見下頁圖10-4）。那麼這段鎖骨會不會是她自己的？

根據遺骸判斷死者的性別是考古人的基本技能，墓中死者的性別可以清楚的得出結論，是一位女性，那麼，她是幾歲死的？

在考古現場，判斷死者的歲數，最直接的方式就是查看牙齒，不過，草原民族以肉食為主，大部分人在青年時，牙齒的磨損就很嚴重了，依據牙齒判斷年齡只能作為參考。最後經研究，死者年紀在三十歲上下。

繼續查看骨骼，為的是取得更多資訊。椎骨，未見因長期負重發生的變形，三千多年前的草原上已然有了貧富貴賤之分，死者生前或許是一位無須勞動的貴族。鎖骨，在古時，這個部位極易受到創傷，細細查看，未見傷痕。遺骸全都被提取出來，墓裡的土同樣需要細細檢查。

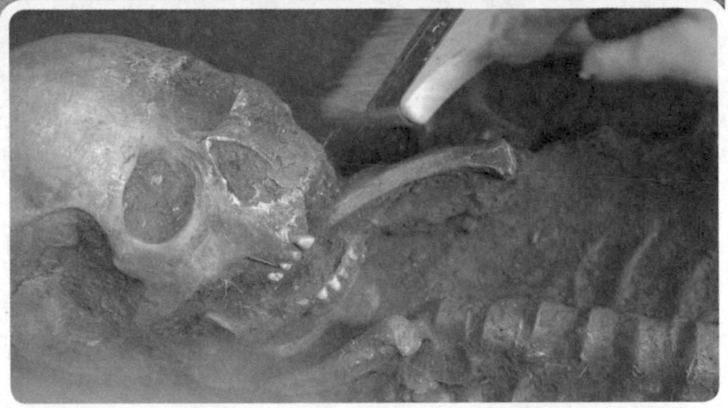

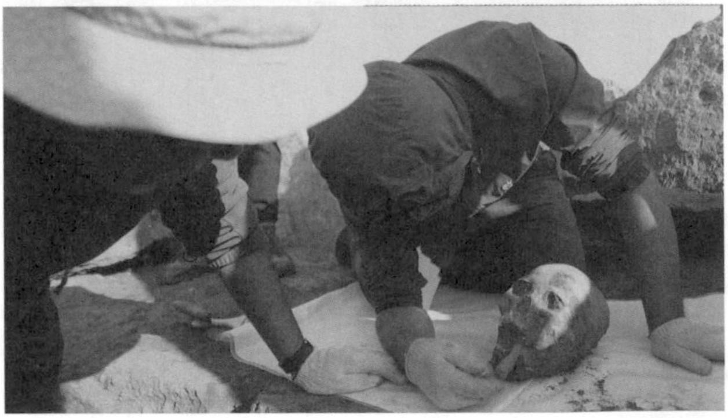

▲**圖 10-4**　從骨骸來看，這應是一位成年女性，令人震驚和不解的是，她的嘴裡叼著一根鎖骨。長眠於此三千多年的死者，絕料不到許久以後會被請出墓穴，考古隊員將她的遺骸從墓穴提取出來。

▲**圖 10-5**　用細篩篩土，這又是為何？考古人員在找什麼？這就是令考古隊員如獲至寶的發現，比黃豆略小的白色管珠。葬在這裡的女人生前有佩戴掛飾。實際上，前段時間的發掘，已經找到了幾十粒這樣的珠子。

▲**圖 10-6**　綠松石，呼倫貝爾地區不產綠松石，距離這裡最近的產地在陝南、鄂北。四千年前，生活在這的古人是怎麼將綠松石弄到手？令人費解。

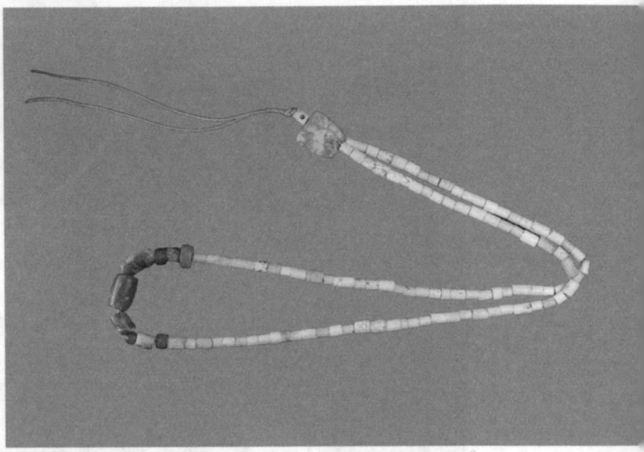

▲**圖 10-7**　兀良哈，新巴爾虎左旗博物館館長，人高馬大卻是個心靈手巧的人。他將出土的小器件穿在一起，不一會兒，一條極富美感的串飾（玉明，見右圖）展現在大家面前。

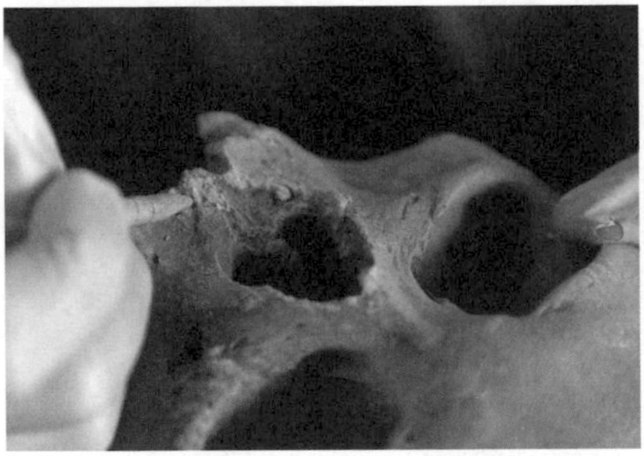

▲**圖 10-8**　入土為安。這位女性沒被同類或者大型猛獸侵擾，卻被小小的草原鼠破了面相。

▲**圖 10-9**　豎著的石板下面，手鏟下露出了破碎的頭骨。比起上頜被草原鼠啃食的女人，這位因遭盜掘，他（她）身首異處。

提取出來的遺骸都要被裝進密封袋子裡，以避免遺骸遭到二次汙染，影響日後對遺骸做DNA檢測的準確性。憑著遺骸，考古隊員再查死者的年齡。當下的考古早已不是田野挖掘的單打獨鬥，多學科的介入，使得資訊的獲取具有不同以往的深度和廣度。再次觀察遺骸的是人骨考古專家。如同刑事偵查，根據遺骨的體質特徵，可以判斷死者的年齡、性別、族屬、健康狀況以及死因等。

探查的結果，女性死者的年齡的確是在三十歲上下，未見明顯的疾病特徵。接下來的挖掘，怪事接連不斷。

墓室周邊豎著的石板井然有序，但墓室裡平鋪著的石板卻是雜亂無章，考古隊員去偽存真，搬走無序的石板，留下對探究此類墓葬文化內涵有用的石板。要探究石板墓的文化內涵，首先得搞清楚修築這些墓葬的，也就是葬在這裡的是些什麼人。先前挖掘出土的那具女性遺骨，自頭骨的體質特徵看，與當下的草原民族有些類似，不過，只憑一顆頭顱便推導出石板墓裡死者的族屬並不科學，面對大都被早期盜掘的墓葬，接下來的挖掘，還會有遺骨出土嗎？

呼倫貝爾石板墓的挖掘說到這，做個插敘，說說呼倫貝爾考古的領軍人物——民族博物院的院長白勁松。白院長的親弟弟是央視名嘴白岩松，或許是基因雷同，白院長的口才絕不亞於他兄弟，不同的是，考古大草原，幾十年了，白院長走遍了呼倫貝爾的草原、密林、大山和沼澤。

◀圖 10-10　白勁松院長（左一），一方水土養一方人，大草原孕育了這位蒙古族漢子的開朗、奔放與豁達。

▲圖 10-11　紮賚諾爾人頭骨，距今一萬年，新舊石器的交替時代，大草原孕育了早期文明的形成。

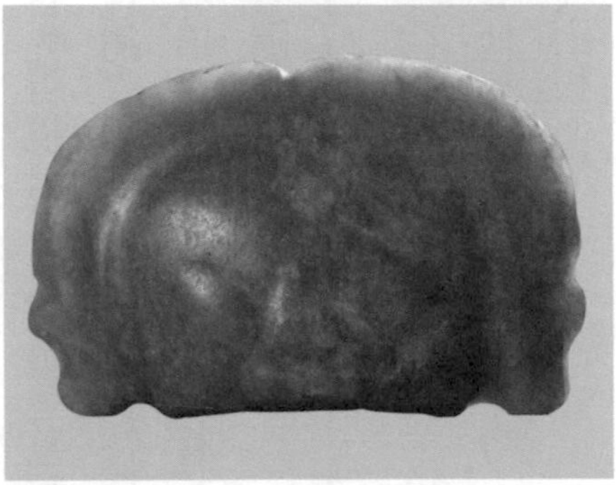

▲圖 10-12　哈克文化玉面人，距今七千年，哈克文化遺址的挖掘，填補了中國東北部史前文化的空白。

在大草原上進行考古，發現這片草原上既有新石器時代遺址，又不乏早期蒙古墓葬。在大森林裡挖掘，出土的諸如黃火地祭祀遺址，印證了早期先民走出森林，走向草原的文明歷程。

考古隊員在這裡經過多年的努力，重大的發現層出不窮。這次的草原考古，對考古人員來說是全新的考驗。

墓室較深，往下挖掘，突現怪事，工地上一下子熱鬧了起來，考古隊員驚叫。

究竟出了什麼怪事，以至於令見多識廣的考古隊員驚詫呢？原來是在墓穴裡發現了草。當然最後判斷是虛驚一場。

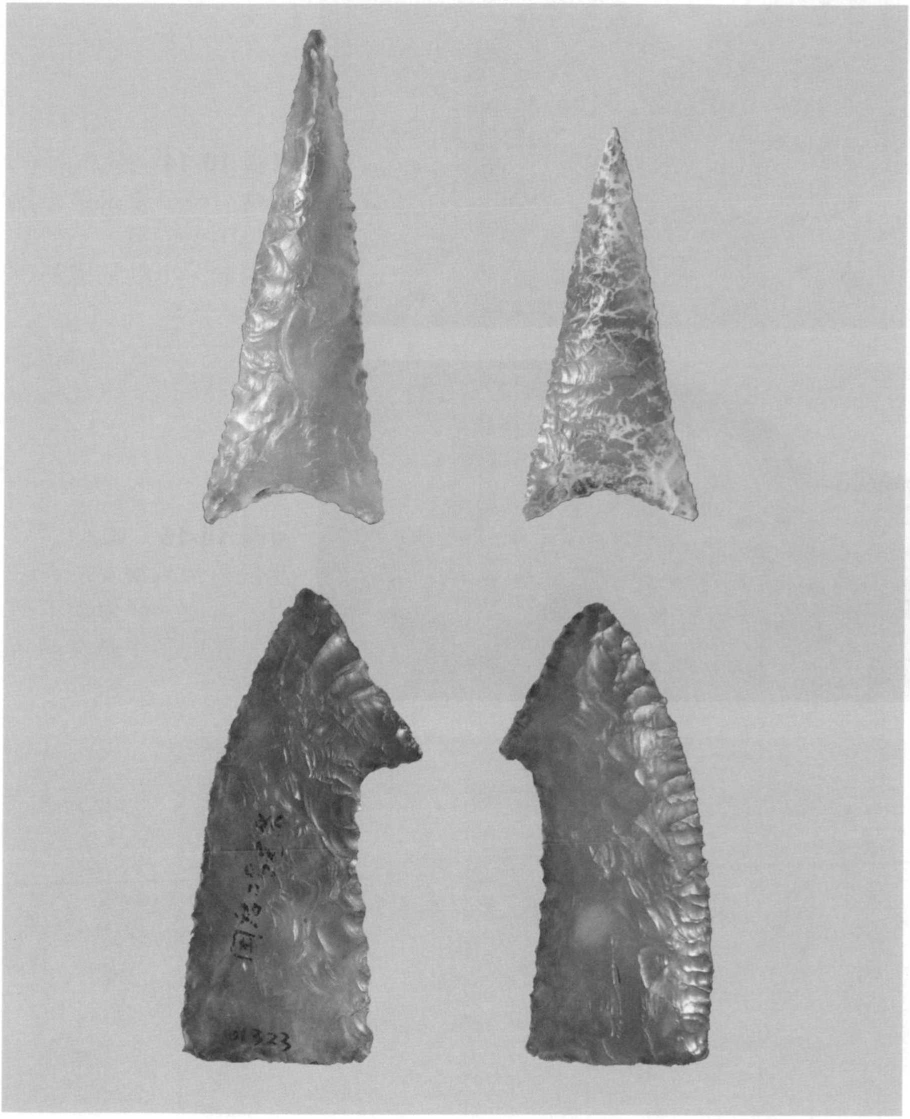

▲**圖 10-13**　石英的箭鏃和石刀。做工精細，箭鏃用以狩獵，石刀用作分解獵取。

◀圖 10-14　墓穴裡怎麼會有草？原來是小動物打洞做的窩。不但啃食遺骸，小動物還熱衷與人骨為鄰。

◀圖 10-15　嘎仙洞。北魏皇帝刻祝文於石壁上，自此，鮮卑南下西去，開啟了中華文明新篇章。

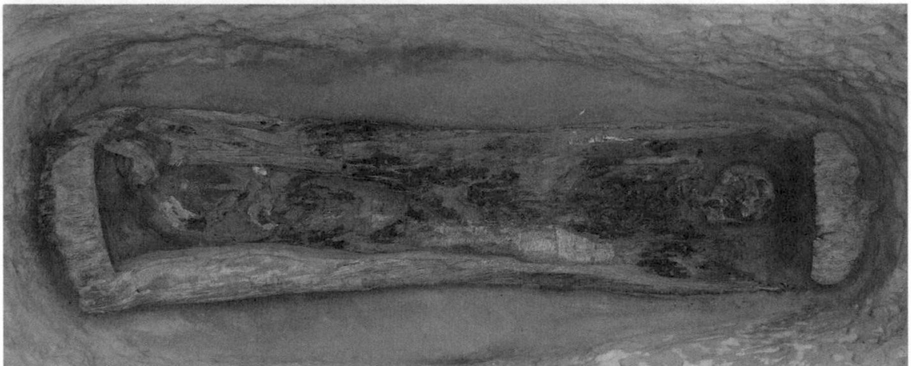

▲圖 10-16　崗嘎早期蒙古墓葬。以數百年整棵樟子松雕鑿而成的獨木棺，是這一時期草原民族特有的喪葬形式。

▲**圖 10-17**　石矛，體積巨大，使用它的人體格一定十分健壯。

▲**圖 10-18**　新的一天，挖掘又見神奇：多顆陪葬的馬頭。三千多年前生活在草原上的古人將馬奉作聖物。

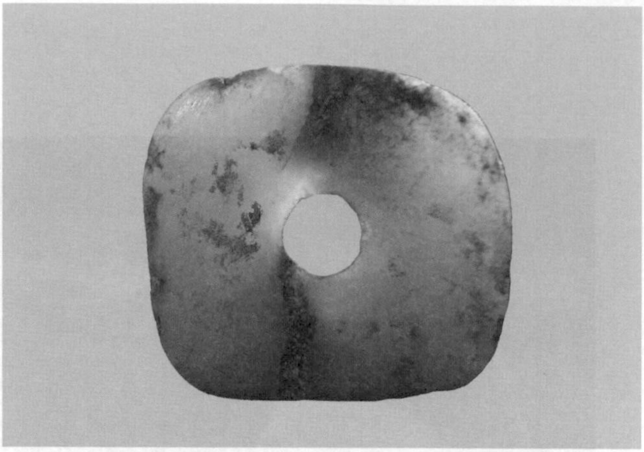

▶**圖 10-19**　關於草原與平原之間的交流，古已有之。玉璧，這種源於中原的祭天禮器，很早就傳到了草原。

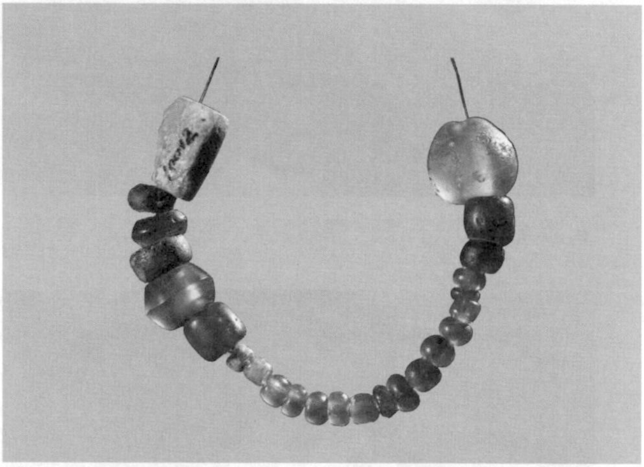

▶**圖 10-20**　精美的掛飾，寶石來自內地。

▶**圖 10-21**　青銅雙馬牌飾。

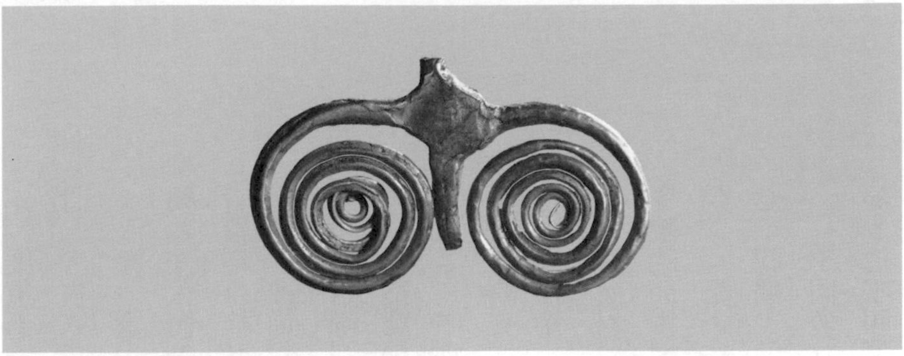

▲圖 **10-22**　環狀的金耳飾，可以想像，這件耳飾的主人絕對非同尋常。

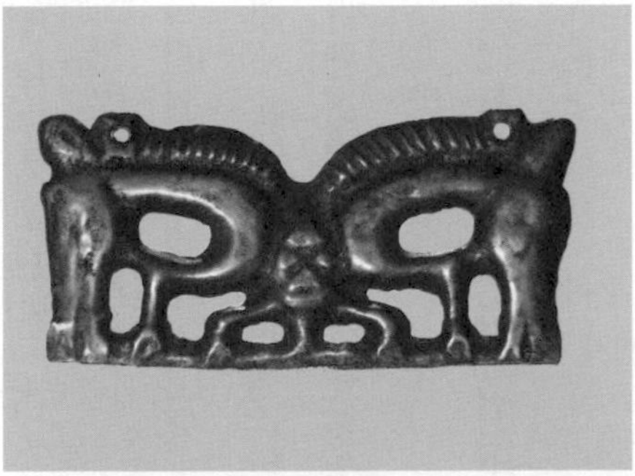

▲圖 **10-23**　雙馬擠兌人頭。馬是草原民族的家庭成員，沒有馬，便無草原文明。

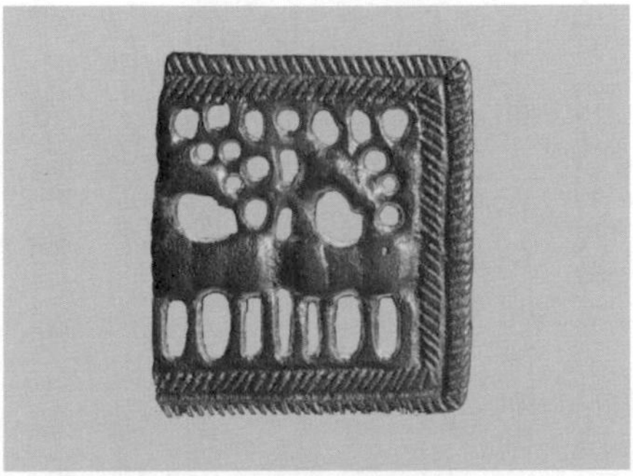

▲圖 **10-24**　金牌飾，出土時它僅有一半，令人不解。

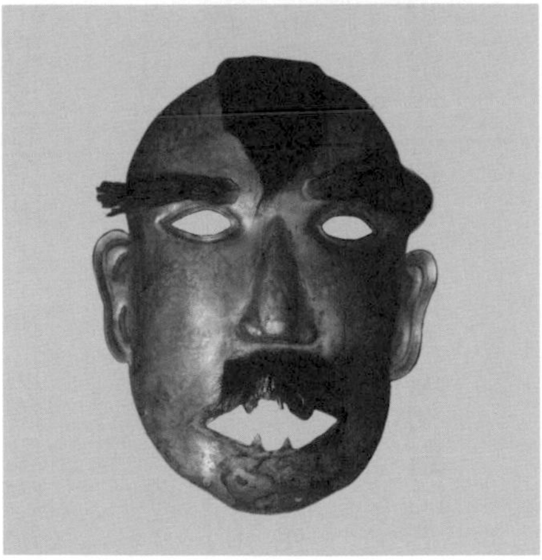

◀圖 **10-25**　金面具，早期蒙古的遺物，粗眉重髯闊耳，額前一撮童子縷，威儀中透著詼諧與憨直。

虛驚過後，繼續挖掘，當真如考古人員所料，墓中的遺骨全亂了，借助淩亂的遺骨，考古人員讀到的是怎樣的訊息？

不一會兒，墓葬的遺骨都清理了出來，人骨考古專家再次上陣。做人骨考古，除了要熟知人體骨骼的基本常識，還要是考古挖掘的行家。經過研究，死者椎骨上有明顯的骨質增生症狀，人骨考古專家判定，死者生前有著嚴重的腰椎重疾，可以肯定的是，死者是一個從事體力勞動的人。

考古隊在呼倫貝爾石板墓的挖掘已經快一個月了，喜悅伴著艱辛，借助遺物對話古人，收穫總是不期而遇。

處在中國東北邊的呼倫貝爾，草原文化淵源深厚，源遠流長，與中原早期文化亦有著廣泛的交往與交流，考古呼倫貝爾，見證的簡直就是歷史的萬花筒，上至距今萬年，下至元明清，應有的有，意想不到的也是常見。

本次對石板墓的考古挖掘，人員多是蒙古族，其中有個來自吉林大學考古文博學院的博士，名字怪怪的，叫「七四」。我問他：「這是你身分證上的名字嗎？」他說：「是。」再問：「爸媽怎麼給你取這麼一個名字呀？」他說：「我出生那年，爺爺七十四歲，就這樣，爺爺就給我取了七四這個名字。」

不同於其他考古工地，在草原深處做考古，環顧四野，三百六十度都能看到地平線，這才叫寬敞明亮，前文中我說了，在這種環境下挖掘，心情就是不一樣。

雖然在呼倫貝爾考古，過程艱苦、艱辛，但也很享受這種身在其中的感覺。工地周邊廣袤、豁達，最為重要的，因為是首次對石板墓的挖掘，所以，出土了什麼、見到了什麼，對於考古隊員來說都是新鮮的，幾乎每天都有機會感受新鮮事物，心情能不好嗎？

▲圖 10-26　處在最前面側身挖掘的人就是 74，無論工作還是休息，恰如他的名字，直接、明瞭。

▲圖 10-27　呼倫貝爾石板墓挖掘。

第十一章

浦江戰國船棺

開明王朝的巴蜀「船」奇再現

二〇一六年九月，四川省成都市蒲江縣黃金地段上的大樓，因發現古代遺跡而停工，施工團隊撤離，成都文物考古研究所的考古人員進駐。

人死，謂之駕鶴西去，也有不屑騎著仙鶴離開的，這一次，考古挖掘碰到了躺在整棵楠木鑿成、形如小船的棺材裡——乘舟西去——的古人。持此葬俗的是些什麼人？這些離奇的棺柩鑿製於何時？是誰、在什麼時候、出於什麼樣的動機製作了這些形如小舟的船棺？

從考古人員進駐到二〇一七年二月，考古挖掘工作已經進行五個多月了，考古工地有半個足球場大小，完成挖掘、正在挖掘和業已探明的墓葬多達六十座。

緊挨著船棺，古河道的痕跡清晰可辨。曾經，每逢雨季來臨，船棺便被淹沒於水中。以舟為棺，如此葬式，地域特色明顯，這是依水而居的古代先民，將生的概念添加於死的事實。親人去世，鑿木為舟，死者的身體和魂魄被小舟一樣的棺材，載到另一個世界，**船棺亦謂之「載魂之舟」**。

船棺現身於蒲江，浦江古名為廣定，始置於西魏恭帝元年（西元五五四年），這裡多山多水，自古就是一個富庶之地。而這裡的船棺，多以直徑近一公尺的整棵楠木鑿製而成。當下，楠木的價值不菲，古時亦非一般，有資格躺在楠木船棺裡的人絕不尋常。

早上八點，開工。考古工地沒有星期日和節假日的概念，所有的考古工地都這樣。

考古是一門苦差事，我們大老爺們始終如一堅守田野，已然艱難，對於女隊員來說

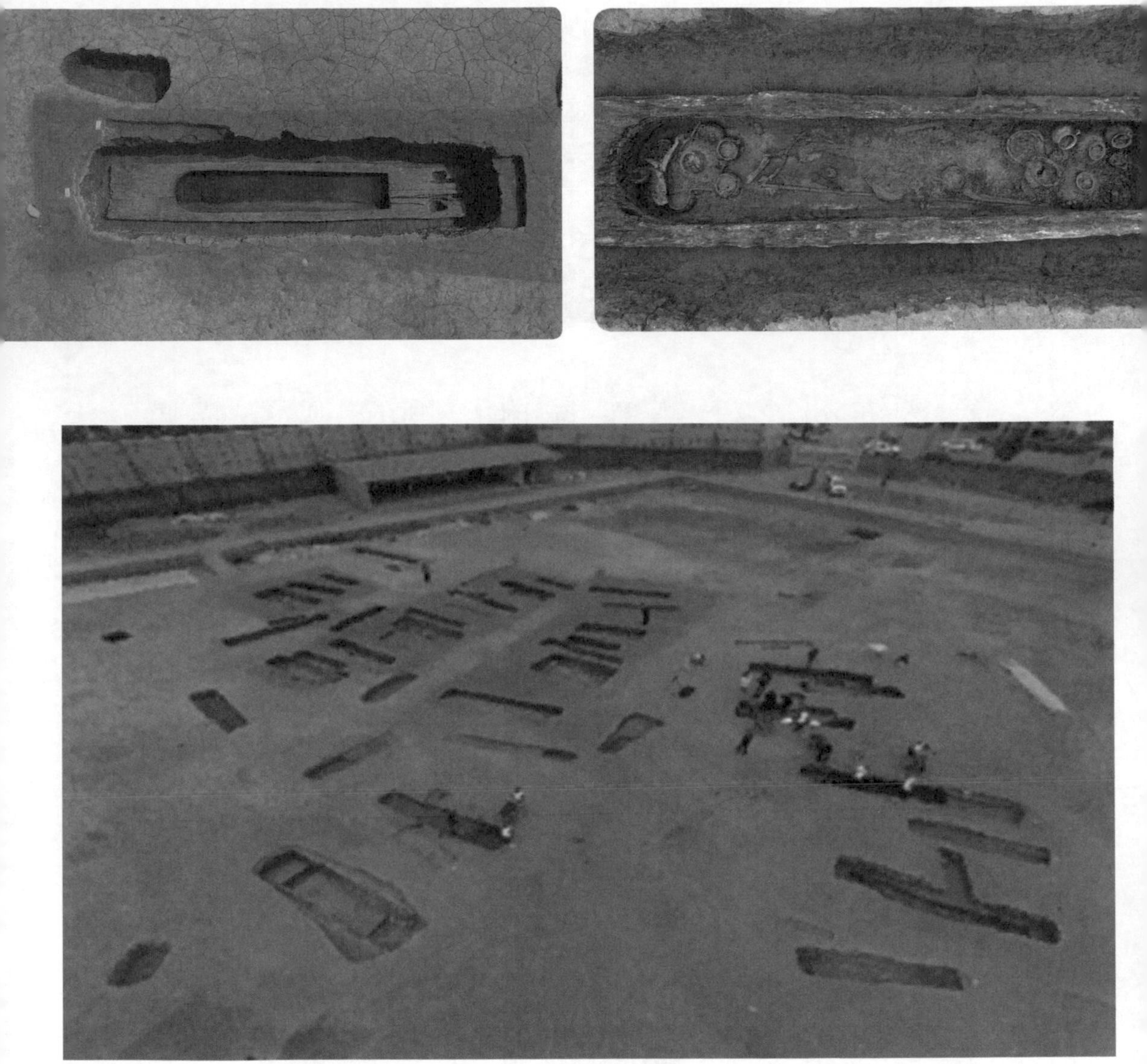

▲**圖 11-1**　挖掘出土的船棺，最長的 7 公尺，最短的也有 4 公尺。一頭圓，一頭方，圓似船頭，方為船尾，死者躺在中間，如同躺在船裡。

◀圖 11-2　李佩，任職於成都市文物考古研究院，她是中國考古界為數不多、常年置身田野挖掘的女考古人之一。

就更加不易了。記得一九九〇年代初，我在西藏做科考時，隊中有一個來自國家博物館的女隊員。三十多天的風餐露宿，為了這一位隊員的「內急」，或者男隊員急需方便，著實讓人頭痛得很。三十多天，考古隊員多在平展的荒漠和戈壁工作，一望無垠，沒遮沒攔，唯一能被當成廁所的只有越野車。

車的右方，是女隊員的專屬；車的左方，是男隊員的特區。方便完了，得先高喊：「完事了嗎？」車那邊回覆：「完事了。」接著，一同相背起身。當然，眼下在蒲江做考古早已今非昔比。不過，亭亭玉立的姑娘，風吹日晒，下坑上梯，蹲身葬坑，尋找遺跡，李佩怎麼就能堅持下來？唯有一條可以解釋：喜歡，真的喜歡考古。

考古挖掘，通常是誰也拿不準手鏟下面下一分鐘會出現什麼樣的奇蹟，有人說，考古之所以充滿了魅力，就在於期望總是與奇蹟相伴。何謂考古的奇蹟？不同於盜墓挖墳，意在陪葬器物。考古，在於取得文化訊息，很多時候，挖掘出土一塊具里程碑意義的陶片，在學術上甚至可以媲美兵馬俑。當然了，對於廣大受眾來說，陶片的展示效果，或者說，陶片的社會教育實效，確實無法和兵馬俑相提並論。前兩年挖掘的江西海昏侯墓，為什麼能引起巨大的社會轟動效應？一個重要的原因在於，出土了包括極為亮眼的金器在內，兩萬多件精美的陪葬器物。

在這次考古挖掘中，泥土下也露出了一堆陶器，陶器常被考古人當作鑑別遺址年代所屬，和文化屬性的依據。眼前的陶器顯現出來的是戰國時期文化特質——船棺的下葬年代距今已有兩千多年。戰國時期，在正史或野著中，鮮有絲路的記載，因為出土的文物，對蒲江船棺墓葬的挖掘，勾起了考古隊員的無限遐想。

就圖 11-3 中的珠子，考古界將這樣的遺物稱作「蜻蜓眼」。其實，「蜻蜓眼」不過

▼**圖 11-3**　藍色的珠子，狀如蜻蜓的眼睛。

▲**圖 11-4**　青銅劍。因雙刃狀似柳葉，故被稱作「柳葉劍」。

▲**圖 11-5**　青銅釜，炊具。這種器形較大的銅釜並不常見，能用得起這類炊具的人非富即貴。

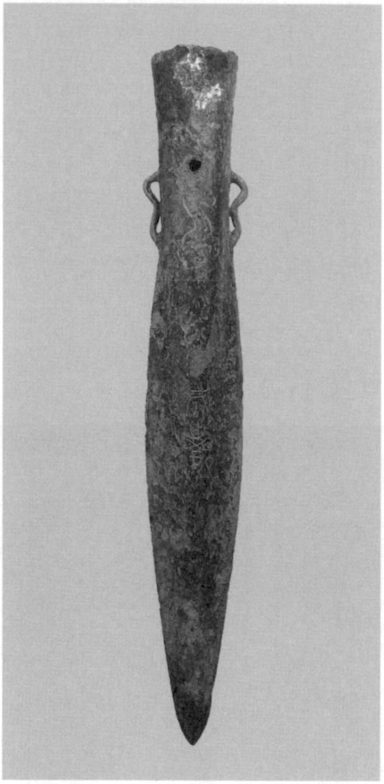

▲**圖 11-6**　青銅矛，秦篆陰刻「成都」，這是迄今發現最早的「成都」實證。

是玻璃製品，現在看來值不了多少錢，但在戰國時期，中國尚無人懂得玻璃製作工藝。它是一件舶來品，來自西亞，單就它不辭辛勞輾轉萬里，路遠迢迢來到巴蜀，便實屬不易，可以肯定的是，早於漢武帝打通西域大通道之前，東西方文化交流便已存在了。西亞的寶物怎麼跑到巴蜀來，並且成了長居於此的古人陪葬品？考古工地最不缺的就是疑問，舊的疑問尚未破解，新的疑問又來了。

工地上，但凡有重大發現，眾人常會激動得手舞足蹈，即便像李佩這樣的女隊員，都會在晚餐時，在街邊小店，與眾人傳杯換盞[1]的慶賀一番。在這次的考古挖掘過程中，一些出土兵器是巴蜀地區特有的，例如圖 11-4 中稍短的劍身，便於叢林作戰，利於近身殺敵。再如令考古隊員驚詫的一件兵器——矛，矛的出土堪稱重大發現。圖 11-6 中的青銅矛身上的陰刻——猛虎的下面，有兩個秦篆——「成都」。

關於「成都」一名稱的由來，《太平寰宇記》中說：「以周太王從梁山止岐山，一年成邑，二年成都，因名之曰成都。」「成都」之名起於何時？由這個迄今發現最早的「成都」可以斷定，至少兩千多年前了。帶「成都」銘文的銅矛，表明了它的產地，可以確認，成都在戰國時期是西南地區手工業的一個中心。

1　形容酒宴上傳遞酒杯邀飲的歡樂景象。

▲**圖 11-7**　整取柲杆，文物保存專家來到工地。

▲**圖 11-8**　日復一日，考古的標準姿勢：蹲著，幹考古必須蹲得下來。

▶**圖 11-9**　摩崖造像，始鑿於漢，截止於宋。

青銅矛的柲[2]杆（見右頁圖 11-7）依舊保存完好，柲杆長度為一百八十二公分。

考古挖掘出土金屬兵器屢見不鮮，但能見到柲杆，特別是秦漢之前的木質柲杆卻是鳳毛麟角，這一發現顛覆了現代人對長矛柲杆長度的認定。柲杆太長，前刺時難以收手，只有當柲杆略長於身高時，矛在使用時才能得心應手。

根據史料記載，兩千多年前，巴蜀地區曾有過一個叫開明的王朝。西元前三一六年，秦惠文王遣張儀、司馬錯南下滅巴蜀諸國。國雖沒了，但開明王朝的舊族仍舊固守著本族的習俗，包括以船為棺。秦滅巴蜀諸國，並沒有將土著貴族趕盡殺絕，而是為臣服開明王朝的舊族封官委任。以船為棺，陪葬器物彰顯著開明國的特質，因此得出葬在船棺裡的人是兩千多年前開明王朝的舊族。

清楚了船棺的下葬時間和墓主人的身分，疑問又來了，兩千多年前，蒲江在巴蜀有著什麼樣的地位，使得這些舊族遺貴選擇蒲江作為歸宿地？墓葬區的南邊是形如火焰的長秋山，北邊是綿柔似錦的蒲江，將這裡當作盪舟西去的起點在於極佳的風水。中原王朝認可了開明舊族在蒲江的特權，而得到認可的前提在於，蒲江之於中原王朝，擔承的是至關重要的作用。

2 音同必，古代兵器的柄，後亦指器物的柄。

三月的蒲江，不大不小的雨總是不期而至，挖掘工作被迫停了下來。趁著下雨，工地泥濘無法開工，考古人員便進山做相關文化調查。

山外的小雨淅淅瀝瀝，山裡卻是豔陽高照。

斑駁的石板路隱約可見，帶路的老鄉說，一九五〇年代前，常有馱著鹽和茶的馬隊從這裡經過，這裡是曾經的茶馬古道，自蒲江西去，即可到達藏族聚集地。

《華陽國志・蜀志》中記載：「穿臨邛、蒲江鹽井二十所。」根據以往的調查，考古人員在蒲江發現過幾十口秦漢至唐宋的鹽井。古時的蒲江是產鹽重地，這裡產的鹽不僅供應巴蜀，而且外運至雲、貴、青、藏等地區。《戰國

▲**圖 11-10**　前些年，這口井曾被考古挖掘，這是一口漢代鹽井。考古挖掘證實，由漢至唐，古人在這裡採鹽，歷經數百年。

▲**圖 11-11**　這口形似鐵鍋的大傢伙出土於蒲江，名曰「牢盆」，是兩千多年前熬鹽的用具。

策．秦策》上記載，秦併巴蜀之後，西控成都，沃野千里，有了最重要的經濟支撐，秦能統一六國，占據巴蜀是一個重要原因。

產鹽的蒲江對中原政權來說至關重要，蒲江為朝廷成就了大量稅收，因此，開明王朝的舊族被特許固守本族遺俗，而富甲巴蜀的經濟實力，致使開明王朝的喪國舊貴有能力耗費大量的人力、物力製作船棺。再有就是，蒲江盛產製作船棺的楠木，在當下密林間楠木隨處可見，據說，這些珍貴的樹種都被登記在冊，絕不可隨意採伐。

第二天在挖掘現場，又現神奇。就是秦半兩[3]銅錢，它在這裡並非用於貿易流通，僅是一件賞賜品，也就是說，當時蜀地交易媒介不是秦半兩銅錢。出土的秦半兩銅錢（見下頁圖）說明開明王朝時期，蜀地已歸順了秦朝。在船棺，也就是開明權貴的墓葬裡發現這類器物，也說明中原文化已然被巴蜀接受。

接下來的挖掘，再一次震驚了考古隊員——出土了許多怪異的印章。

實際上，出土印章，這在蒲江考古工地上並非首次，學術界將它們稱之為巴蜀圖語印章。蒲江船棺墓葬群一共出土十四枚印章。或圓、或方、或矩形、半圓形、橢圓形，

3　秦半兩：秦代貨幣。圓形方孔，由銅鑄成。錢幣上有「半兩」兩字。秦始皇統一六國後，規定以此種半兩錢為全國通行的貨幣，這也是我國最早的統一貨幣。

◀**圖 11-12**　秦半兩銅錢，兩千多年前蜀地所通行的貨幣。

◀**圖 11-13**　青銅璜，古時的禮器，是起源於夏商的中原文化遺物。

◀**圖 11-14**　青銅斤，形如斧，但並非用於勞作，而是權力的象徵。陪葬著這個青銅斤的墓主人，身分不低。

還有月牙形和「山」字形。印文有些像漢字，有些像花卉、像火焰、像山脈，它們是家族的族徽，還是通信的密語？或者是古巴蜀的文字呢？迄今尚無明確的解答。

印章中的巴蜀圖語究竟作何表意？巴蜀地區從新石器時代寶墩文化到三星堆、十二橋文化，古文化發展序列很完整，若巴蜀圖語能被破解，或許巴蜀文化源頭之謎，便能迎刃而解。蒲江船棺墓葬群考古工地的考古挖掘，六十座船棺相繼露出了真容。探究船棺承載著的隱祕，考古人員表示這才剛開始，要做的工作還很多。

▲**圖 11-15**　挖掘時常看到這種怪異的印章。

▲圖 11-16　巴蜀圖語印章，早有出土，卻無人能夠解讀印文的表意。

▲圖 11-17　浦江船棺葬之謎。

第十二章

悅龍台漢墓

出土神祕無字印章，墓主仍是謎

前面曾提過實驗室挖掘，今天，在太原博物館的地下一樓，考古人員將一個巨大的棺槨運到這，把這裡作為實驗室挖掘的地點。因為這裡具備恆溫、恆溼、恆定（安定性）的挖掘條件，還有這裡警備森嚴，非相關人員根本進不來。

這個巨大的墓棺長五．四五公尺，寬二．六公尺，重五十噸，個頭雖大，但它僅是整取自太原市悅龍台西漢代國王陵的祔[1]葬墓。葬在這個大傢伙裡的人是誰？棺槨裡陪葬著什麼樣的寶物？

挖掘墓棺的第一步，揭取槨板。考古人員採用的是薄荷醇提取方法，這種方法我在前文（見第一九〇頁）中提過具體操作過程。薄荷醇提取是近年來發明的科學方法，提取文物既便利又安全，而且不會對文物造成任何傷害。

▲**圖 12-1**　體積巨大的棺槨，對於實驗室挖掘來說，前所未見。

圖12-2中左邊那位中年人叫馮剛，他是本次考古挖掘的執行領隊。在挖掘過程中，馮隊長事無巨細，都得過問，需要花氣力時，馮隊長也親自上陣。幹考古這行意味著常年「離家背井」，而且考古人的臉通常都顯得「很粗糙」。馮剛開玩笑說，他這個相貌，常被小孩叫做爺爺，事實上，他不過四十來歲。

將體積巨大的棺槨帶回實驗室，其中的陪葬品絕對令人期待，而且參與本次實驗室挖掘的專家團隊亦是頂尖：北京大學文博學院、國家博物館、山西省文物考古研究所、太原市文物考古研究所等。

取走槨板，考古隊員用金屬探測器探測槨內和棺內有無金屬器物，剛上手，探測器就迫不及

1 音同附，子孫的棺木附葬在祖墳裡。

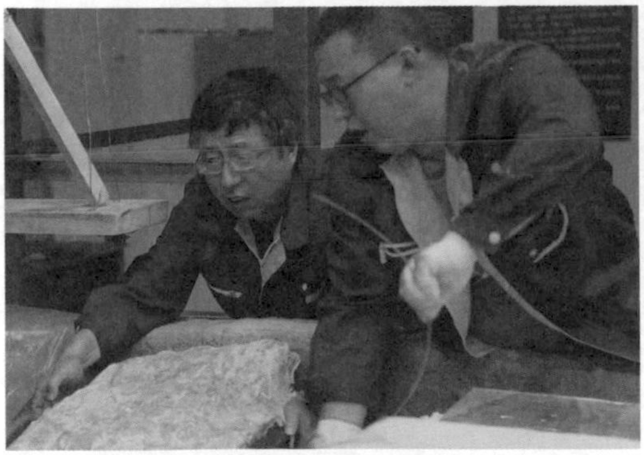

▲圖 12-2　馮剛（左），執行領隊。

▲圖 12-3　為了確保文物的安全，考古隊懸空搭起了架子，挖掘時，只能趴著做。

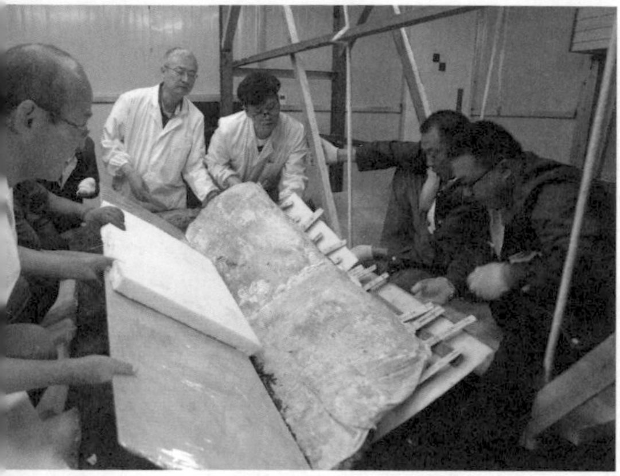

▲**圖 12-4**　揭取槨板，最忌著急，實驗室所有人員齊上手，眾人施展相同氣力，步調一致，確保文物的安全。

▲**圖 12-5**　揭取槨板後，槨內實情一目瞭然，棺在一邊，另一邊用作放置陪葬器物，下面是腳箱，也是放置陪葬器物的地方。

待的發出清脆的鳴叫，可以肯定的是，槨內和棺內陪葬著不少金屬器物。

稍事清理，出現一枚鐵鎮，鎮是用來壓槨內覆蓋物的，這類東西理應是對稱擺放的，當真如考古隊員所料，不一會兒，四枚鐵鎮全都現了身，而且是青蛙造型（見下頁圖12-6）。古時，人們認為蛙是神，有學者認為，捏泥造人的女媧即由蛙而來。究其原因，在於蛙有很強的生育能力，再者，因為蛙有秋伏春出的冬眠生物特性，令古人敬之有「起死回生」的神性。棺槨原本所在的大墓位於當地高速公路旁。大墓是因施工而被發現的，由於大墓的現身，施工區域都被喊停了，據說，太原市政府有將大墓所在區域，建設成文化遺址公園的設想。

棺蓋已然破裂，清理掉散碎的木屑，寶物現身——青銅劍柄（見下頁圖12-7）！漢代，有點身分的成年男性都要佩劍，由此判斷葬在這裡的應該是一名男子，至於葬在這裡的位高權重的男人姓甚名誰？這是考古隊員急於破解的謎。

考古挖掘不易，實驗室挖掘更是極其較真，花大錢、費牛勁將棺槨搬運回實驗室，就是為了做到最為精細的挖掘，因為在實驗室挖掘，不受氣候等外界因素的影響，沒有那些坐立不安、強作笑顏、軟磨硬纏的施工隊在旁邊催促，考古人員可以靜下心來，反覆琢磨，萬無一失、最大化的獲取文化資訊，並確保文物的安全。當下的考古挖掘，通常都是配合基礎建設，主動性的挖掘占所有挖掘項目的比例很小，雖說考古挖掘是在配合基礎建設，但即便是國家重大工程也得給考古讓路，因為文化遺址是不可逆的。

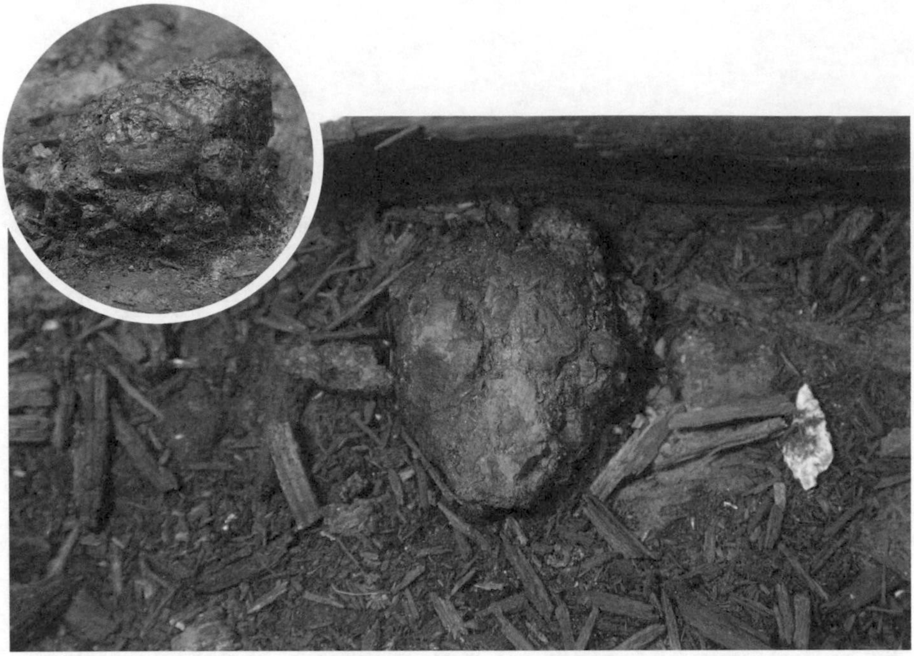

▲**圖 12-6**　鐵鎮，靜臥的青蛙造型。

▲**圖 12-7**　青銅短劍的劍柄。這是一把貼身兵器，漢代，貴族男人出門時都要佩劍，這倒不僅為了防身，更是彰顯身分，展現禮儀。

▲**圖 12-8**　繼續清理，青銅劍柄下面壓著環首刀。環首刀，鐵制。一把、兩把、三把，竟然現身了三把環首刀。

▲**圖 12-9**　西漢前無紙，這樣的刀常被用來修改寫在竹木上的筆誤，因此也叫「書刀」。探究墓主人身世之謎，死者是個識文斷字的成年男性。

接下來的挖掘，對於考古人員來說，當真是見到亮眼的東西了。竹籤下漸現黃金——墓主人的社會地位不低，有可能是西漢代王的直系親屬。

隨著墓葬器物露出真容，考古人員發現竹籤下並不是黃金，而是一枚鏽蝕嚴重的玉質帶鉤（見左頁下圖），考古挖掘碰上這樣的事簡直是司空見慣。有這麼一件事，前些年，陝西考古研究院挖掘一處西周墓葬，泥土下露頭了一尊青銅器，就在這時，工地上來了一群專家，專家看過挖掘情況離開後，考古人員繼續挖掘，器身全部袒露出來，你猜怎麼著？根本就不是什麼青銅器，而是一件十分常見的陶器。

接著說悅龍台漢墓的挖掘故事。

在實驗室挖掘，接下來是頭廂部位。漢代，棺的前面通常都會有頭廂，用作放置陪葬器物。

值得一說的是墓中陪葬的漆奩。漢代，漆奩是用來盛放女人的梳篦、脂粉等化妝品的，令人興奮的是，金屬探測器靠近它時，機器會發出鳴響——其中肯定有金屬陪葬器物。順便說一下，漢代，男人也是要化妝的，特別是出席正式場合時，這是漢禮規制。比方說，我在參加江西南昌海昏侯墓挖掘時，第一時間看到了海昏侯劉賀內棺裡陪葬的數個漆奩出土，打開漆奩，殘留的化妝品、銅鏡、容量不同的銅勺，化妝用具一應俱全——漢廢帝劉賀尚且在意「裝修」自家門面，葬在太原悅龍台漢墓裡的漢代權貴理應也是注重儀表的。

▲圖 12-10　清理完散落著的木屑，兩千多年前的漆器依舊光彩照人。左上角圖的動物，有考古人員說是飛騰的龍，有的說是變形的狗，還有人說，這是對鱷魚的誇張寫照。

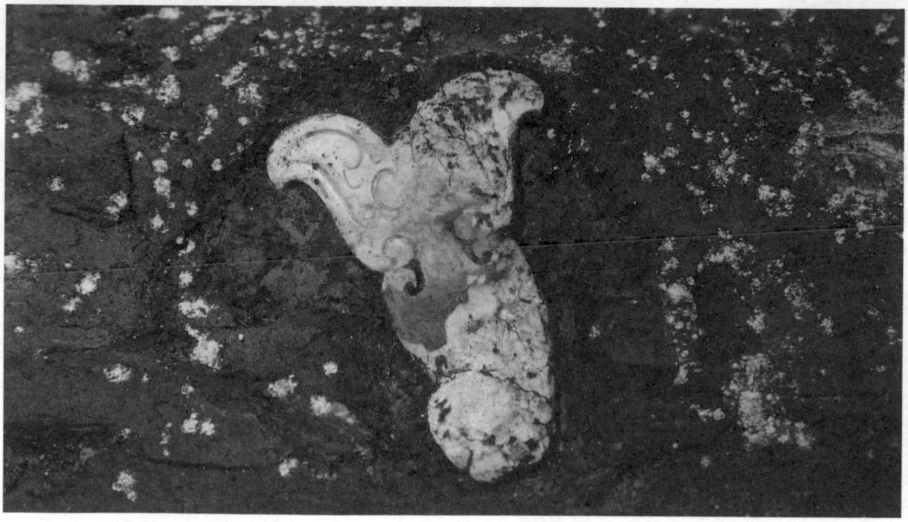

▲圖 12-11　玉質的帶鉤，器身上的刻畫如同飄逸的花瓣，想像一下，兩千多年前，男性墓主人佩戴著它，高貴、典雅、氣派！

經考古人員挖掘，令金屬探測器鳴響的是漆奩內的一面青銅鏡。銅鏡的背面有精美的紋飾，這種紋飾是空間概念的寫照，中間大一些的凸起，象徵著「中」，上下左右四個稍小一些的凸起，寓意東、南、西、北四個方向（見左頁上圖）。這面銅鏡曾經映照過的是一張什麼樣的臉？墓的主人姓甚名誰？破解墓主人身分之謎，更待何時？

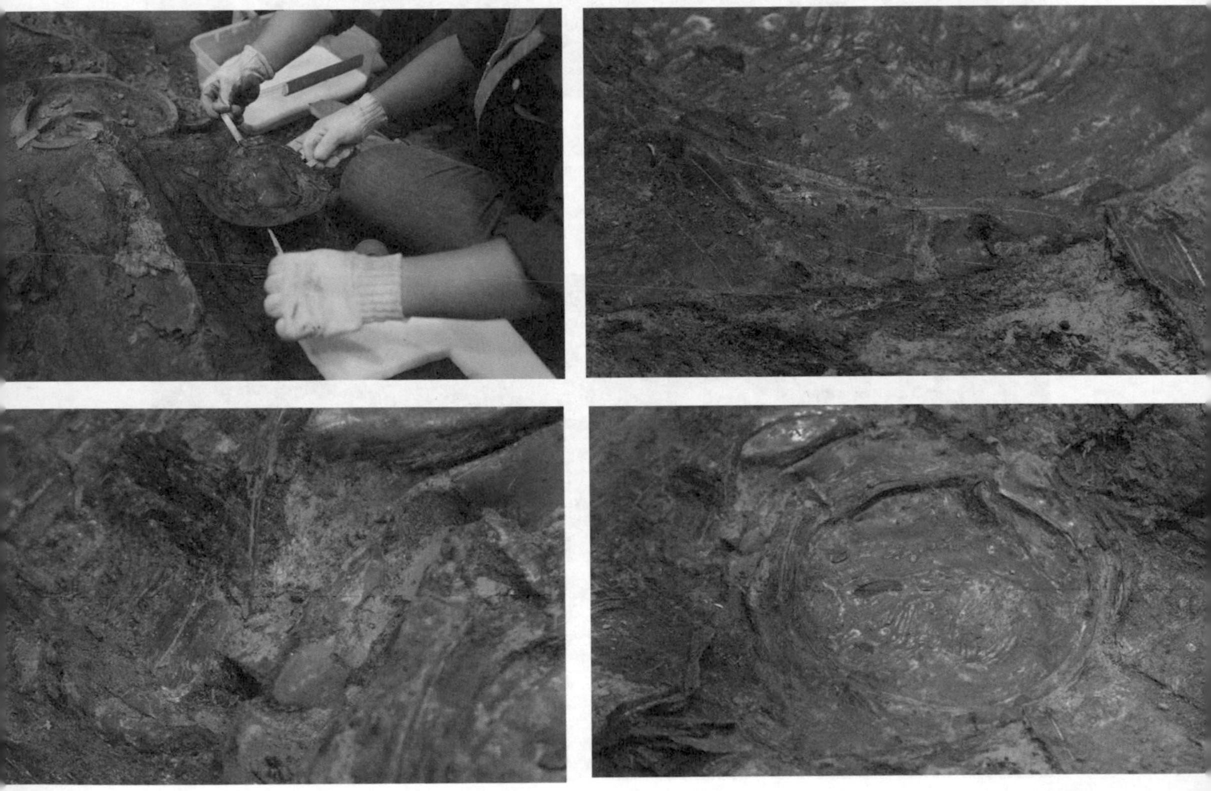

▲**圖 12-12** 漆器。漢代時，漆器是貴族的必備物品，因為製作十分複雜，這樣的器物價值不菲。中間的是一個漆奩。

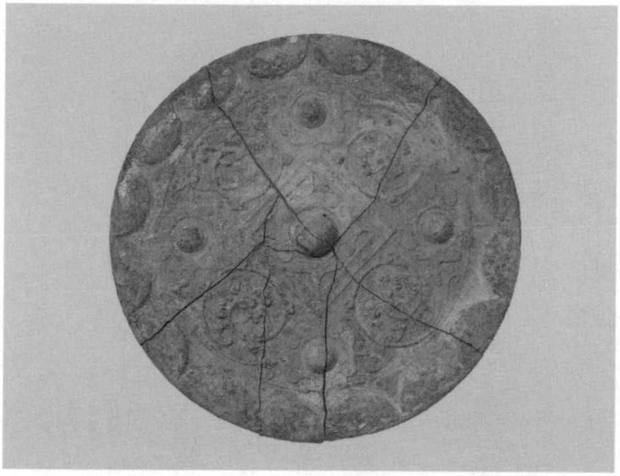

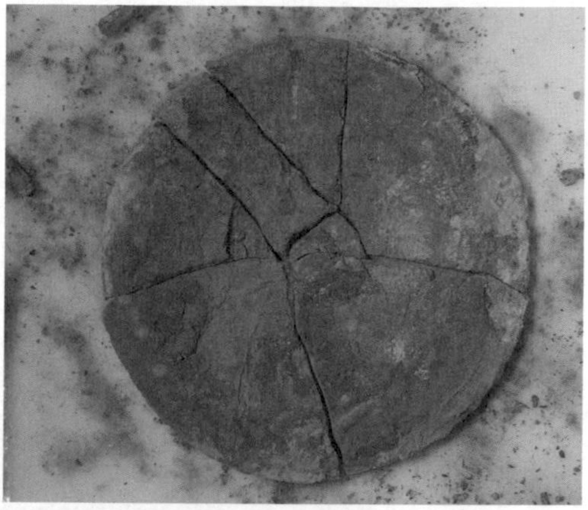

▲圖 12-13　漆奩內裝的金屬器物是一面青銅鏡。

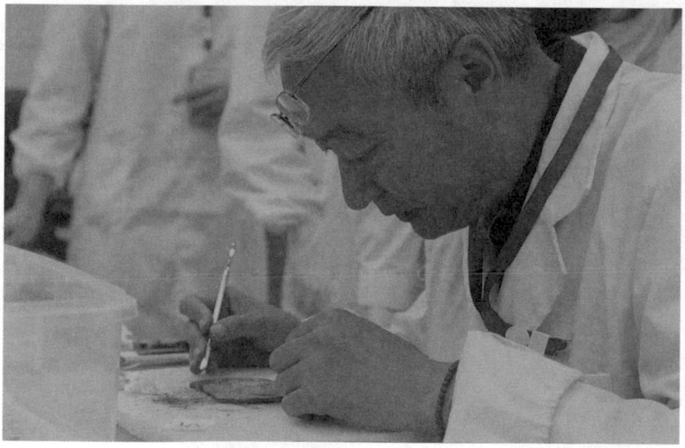

▲圖 12-14　銅鏡。做工細膩，但破碎嚴重，來自北京大學文博學院的文物保護專家胡東波教授親自上陣。

▲圖 12-15　木梳。

接下來的挖掘，出土的器物同樣讓人眼亮。

終於，內棺露出來了，這是不是預示著墓主人身世之謎將要真相大白？新的一天，實驗室挖掘剛開始不到半小時，再現神奇。

該怎樣注釋新的發現？索性，我還原一下當時考古人員在現場的語言表達：「慢點，微微發亮，像牙齒。」、「是，是，牙齒吧？」、「是，牙齒，臼齒！」、「臼齒，目前看到是有兩顆了！」

日後借助基因檢測，或許能夠從牙齒本身得到墓主人的性別、族屬、健康狀況、食物構成等資訊。

接下來的發現又是在一段對話中進行的：「紅色，是什麼？」、「呀！是珠子，帶穿孔，穿孔裡面有線，是項飾，應該是一串。」、「快看，黃色的，也是小飾品，有點像瑪瑙。」、「這邊還有，透明的，這像是水晶。」……。

新的一天，考古人員感受到的是更大的驚喜，破解墓主人身分之謎，終於觸及了臨界點，考古人員先是沒再往下挖掘，一起跑到實驗室外邊，互相擊掌。

帶給考古人員更大驚喜的，就是第二六五頁上圖的這枚玉印。當初挖掘海昏侯劉賀的大墓時，也是靠其玉印才確定墓主人。這回在墓中發現了玉印，大墓主人究竟是誰要被最終確認下來了。

現身內棺的這枚玉印，玉質上乘，做工考究，沒有印紐，是一枚台紐印，上面有一

▲圖 12-16　新發現——墓主人的牙齒。

▲圖 12-17　陶片，紅色的紋飾像是對某種動物的抽象化刻畫。

▲**圖 12-18**　出土的飾品。

個小孔，小孔是用來穿繫帶子的，這會是墓主人的私印嗎？如果是，印文上刻著的會是什麼字？只要提取印文，就能破解謎團，太讓人期待了！

但現實令考古人員大失所望，印面竟然乾乾淨淨，啥也沒有！根據印文破解墓主人身分的期望落空了。

常言道：「禍不單行。」如果將無字玉印的發現認定是「禍」的話，接下來的挖掘還真的應驗了這句話，棺內

▲圖 12-19　玉印。

▲圖 12-20　印面乾乾淨淨，令考古人員大失所望。

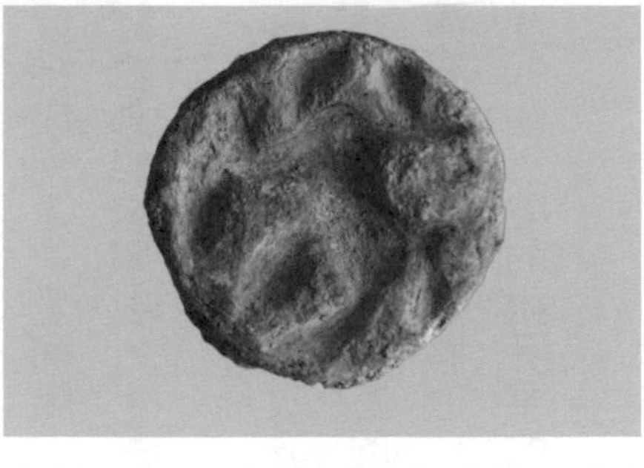

▲圖 12-21　接著出現的印章，印面上有印文，但解讀印文令人迷茫。

又有了讓考古人員茫然的印章現了身。

最初發現的玉印隻字全無，接下來挖掘出土的印章倒是有印文，遺憾的是，印文看上去像字又非字，說像動物，又過於抽象。解讀印文，眾人都昏了。如此印文，對考古人員來說並不陌生，四川蒲江船棺墓出土的印章，亦是讓人摸不著頭腦。

接下來的挖掘，仍舊驚喜不斷。棺的左側陪葬較多，但因槨板移位，部分器物被壓在了下面，為了確保陪葬器物的安全，考古人員決定拆掉左側的槨板。繼續挖掘，考古人員愕然了，先前認定的青銅劍變了身，變成青銅戈（見左頁上圖）。

雖然前邊的挖掘有些「禍不單行」，但接下來的挖掘倒是可喜的。奪目的金器接二連三的現身，黃金飾件，細膩典雅，美輪美奐，堪稱極品（見左頁下圖）。

好事還沒完呢，繼續挖掘，奇蹟再現。寬窄相近的木條成排成列——是簡牘！一般情況下，簡牘在出土的時候是黑黑的，啥也看不清，但是，經紅外線燈照射，上面的文字就能顯現出來了（見第二六八頁圖）。

太原市古代墓葬的棺槨裡現身漢代簡牘，是山西黃土高原半乾旱地區的首次發現。由於簡牘朽毀嚴重，慎重起見，考古人員將簡牘整體打包，送到了條件更為完善的北京大學考古文博學院的考古實驗室。解析簡牘，考古人員收穫頗豐，不過，要將散碎簡牘上斷斷續續的文字組合在一起，尚需時日。整取自悅龍台西漢代國王陵的祔葬墓的墓主人究竟是誰？但願，自這些簡牘中能找到答案。

▲**圖 12-22**　青銅劍變成了青銅戈。

▲**圖 12-23**　精美的金器。

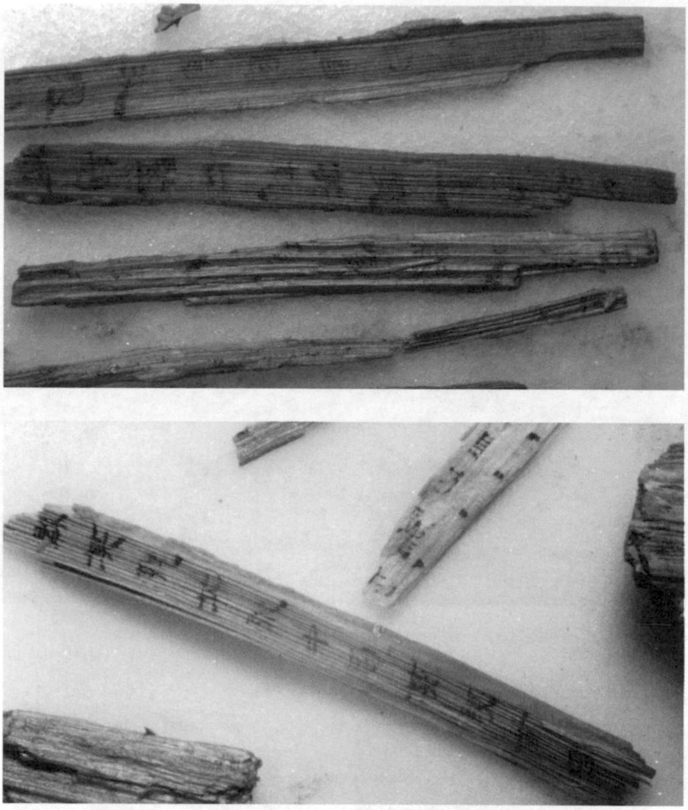

▲圖 12-24　紅外線燈下的簡牘，寬窄相近，成排成列。

▲圖 12-25　悅龍台漢墓挖掘。

第十三章

衢州土墩墓

千里進京挖掘，陪葬品氣派

浙江衢州，西周土墩大墓，墓室慘遭盜掘，槨室裡的陪葬卻安然無恙，而且數量繁多。事關重大，陪葬器物被整體裝箱，運到了北京。實驗室挖掘，穩紮穩打，步步為營，借助遺物，破解謎團。

載重汽車白天進不了北京城裡，只能等到半夜。深夜十二點多，車到達目的地，王府井北大街二十七號，社科院考古所，隨後，裝著春秋戰國大墓陪葬器物的木箱被搬進考古實驗室。（二〇一九年十二月，考古研究所告別了待了一甲子多的辦公老宅，搬到了奧運村附近。）

社科院考古所的考古實驗室恆溫、恆溼、恆定，千里迢迢的將出土於浙江衢州的陪葬器物拉到這裡，為的是確保文物安全，以取得更多的文化資訊。

考古挖掘，通常都是前一分鐘難料

▲圖 13-1　浙江衢州西周土墩大墓。

▲**圖 13-2**　將陪葬器物整體裝箱前，陪葬器物連同泥土都被石膏緊緊的固定在一起，打開石膏蓋板，陪葬器物現身。

▲**圖 13-3**　考古人員手持的儀器是專門探查金屬陪葬器物成分特質。

下一分鐘會有怎樣的發現，對遠道而來的浙江衢州西周土墩墓陪葬器物的挖掘也是如此，即便部分器物已露端倪。接下來的工作重點，是將陪葬器物全部提取出來。提取器物很繁雜，不僅需要豐富的經驗，亦需一絲不苟的工作態度，每一個動作都必須到位，因為考古挖掘是不可逆的。

在出土的馬頭泡飾中（見下頁圖13-5），大的泡飾應是一套，螺絲狀的管飾也是一套，小的泡飾是一套，更小的泡飾也是一套，正好是四套；一種管飾，三種泡飾，正好四種，四套馬飾應為四匹馬所用。可以想像，能用奢華的青銅馬具裝點於馬身，墓主人生前出行是何等氣派。

槨室裡只看到馬具，未看到陪葬的馬匹。《周禮》中明確規定，士死，僅可陪葬馬具。依循《周禮》，馬具被從馬身上拆解下來，埋在墓主人的身邊，墓主人有可能是一位士級貴族。兩千多年前，青銅馬具是身分地位的象徵，兩千多年後，青銅馬具成了古今交流的文化載體。

生活在浙西大山裡兩千多年前的古人，刻畫出來的貓頭鷹，稚萌、矜持。對來自衢州大墓陪葬器物的實驗室挖掘，

▶ **圖 13-4**　長 3 公分、直徑 1 公分的青銅管馬具。管子的表面裝飾著繁複的弦紋，僅是馬具，竟然這麼講究，想必，兩千多年前，葬身衢州的馬具主人絕非常人。

▶ **圖 13-5**　青銅泡飾，它的功用是穿綴在一起，裝飾於馬頭兩側。

▲ **圖 13-6**　出土於河北行唐故郡的中山國車馬，馬頭裝飾著飾件，不過不是青銅，而是以貝殼編綴而成的。

讓人瞠目和費解的事情著實不少。

在挖掘、提取青銅器時，考古人員發現了一堆黑灰色的碎石，古人為什麼要將碎石作為陪葬？考古人員雖想不明白，但也沒在緊張的挖掘過程中顧及這堆碎石，直到有一天，考古所裡從事古玉研究的專家被請進了實驗室。請古玉研究專家來實驗室，是為了給嵌在似龍似

▲圖 13-7　狐疑著雙眼，這應該是貓頭鷹，蓬髮、尖嘴、圓目。

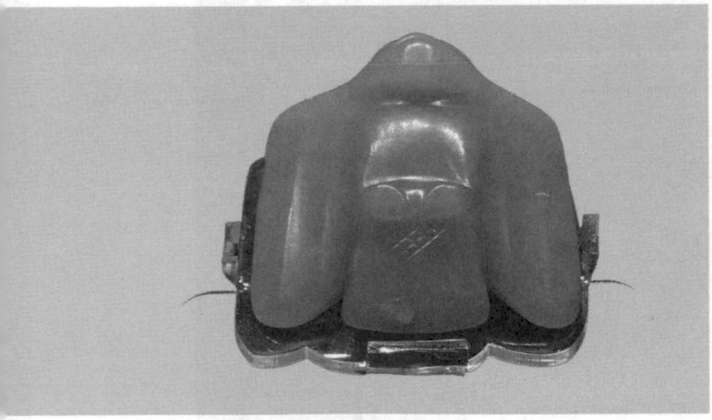

▲圖 13-8　紅山文化玉鴞。古時，貓頭鷹被敬為神。

▲圖 13-9　商代青銅鴞尊，距今三千多年。雙腿，連同尾巴，三點撐起器身，商人鑄造出這尊青銅器，在於敬神還是娛神？當今的人盯著它，少了嚴謹，多了愉悅。

蛇的眼睛上的寶石（見左頁上圖）做成分和性質的測定。專家到場，當即確認，嵌在上面的就是綠松石。鑑定完似龍似蛇的眼睛上的寶石，古玉專家無意間看到堆在一邊的碎石。他即刻低下頭，仔細查看。

考古人員問古玉專家，這堆碎石是什麼？專家直起身，沒有直接回答，而是賣了個關子，說：「這些破石頭可值錢了，實驗室裡所有青銅器加起來都不如它值錢！」眾人忙問：「怎麼那麼值錢？」專家說：「我頭一次有幸開了眼界。」眾人再問：「這些碎石到底是什麼？」專家說：「綠松石原石！」

將世所罕見的綠松石原石作為陪葬品，這在以往的考古挖掘中未曾見過。

自然狀態下的綠松石，夾在堅硬的岩石中間，開採起來非常不易；再者，**自**

▲**圖 13-10**　頭尾相顧，逶迤著，作反 S 狀，暫時無法考證是蛇還是龍。

▲圖 13-11　綠松石鑲嵌的雙眼，圓瞪外凸，似慍怒、似懵懂。

▲圖 13-12　混雜於青銅器的碎石是什麼？為什麼這些看似不起眼的碎石會與身價不菲的青銅器混在一起？

▲圖 13-13　自然狀態下夾在岩石中間的綠松石。

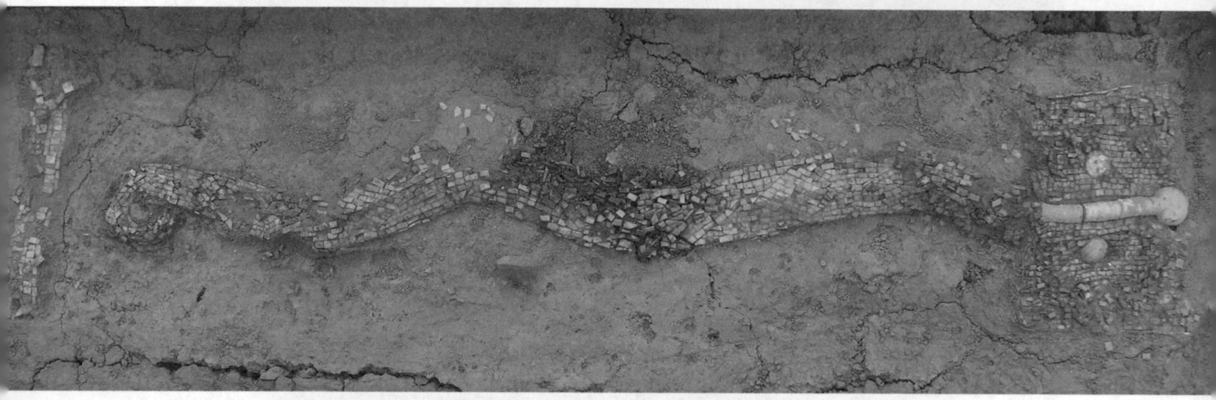

▲圖 13-14　二里頭文化綠松石龍，距今三千七百年，這兩隻眼睛和前面展示過的圖的眼睛有幾分相像。

古，**中國人就將綠松石視作神的化身**，開採不易，需求量卻很大，令**這種貌不驚人的石頭的身價遠高於黃金**。

參與挖掘衢州大墓槨室的考古人員也曾在海昏侯墓棺、河北行唐中山國車馬、山東大學芊克墓棺等處的實驗室挖掘中露過面，這些考古人員怎麼會熱衷東奔西走？原因是在考古界，供職於社科院考古所文化遺產保護中心的考古人員，學術地位堪稱頂尖，挖掘能力在中國首屈一指。地方上的考古單位但凡遇到了「疑難雜症」、發出請求，社科院考古所的考古人員都會義不容辭，參與攻堅克難。

請古玉專家來實驗室，還有一件事情要做，就是鑑別大大小小出土玉玦的材質。將提取出來的玉玦，依照原本的順序排列開，並詳細記載每枚玉玦的尺寸、重量以及損毀情況。下頁下圖中的興隆窪玉玦是世界上最早的用玉實證，它是玦形耳飾的鼻祖。

在查看了衢州戰國墓陪葬坑裡的玉玦以後，古玉專家並沒有在現場就做出玉玦屬什麼玉質的定論，而是告訴實驗室裡的考古人員，這些玉玦朽毀嚴重，需經儀器檢測以後，才能最終確認屬哪種玉質。

衢州戰國墓的陪葬器物讓人眼亮，這麼說吧，在整個挖掘過程中，考古人員幾乎每天都是沉浸在發現的喜悅之中。

因兩千多年的掩埋，器物間已然凌亂，該怎樣提取？先提取哪件器物？這個需要老將出馬。

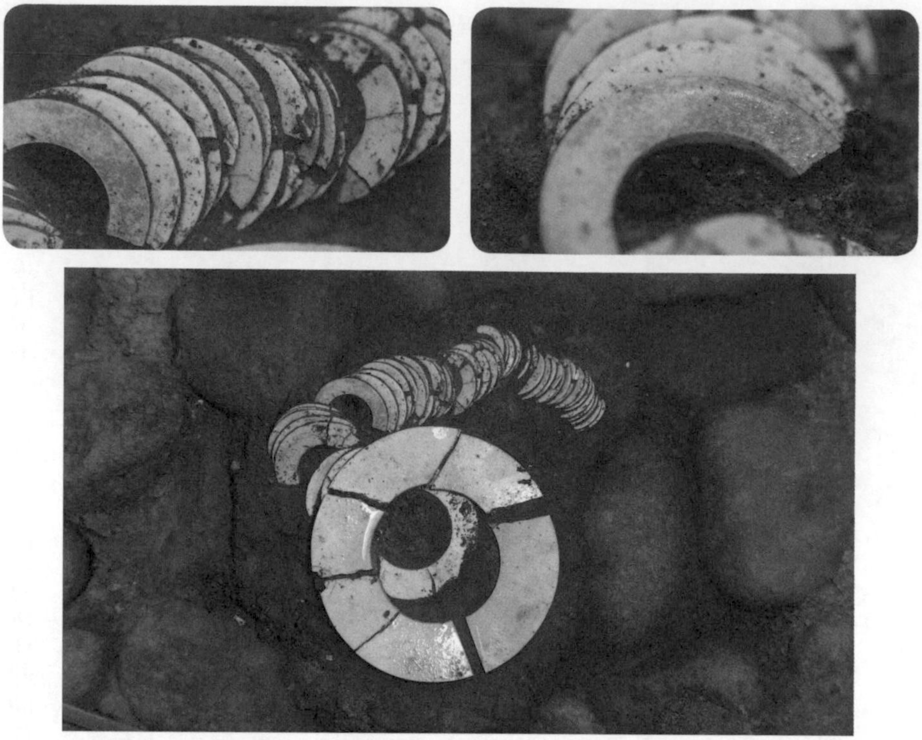

▲**圖 13-15**　幾十枚玉玦疊壓在一起。最大枚外徑 91.16 公分，內徑 15.01 公分。

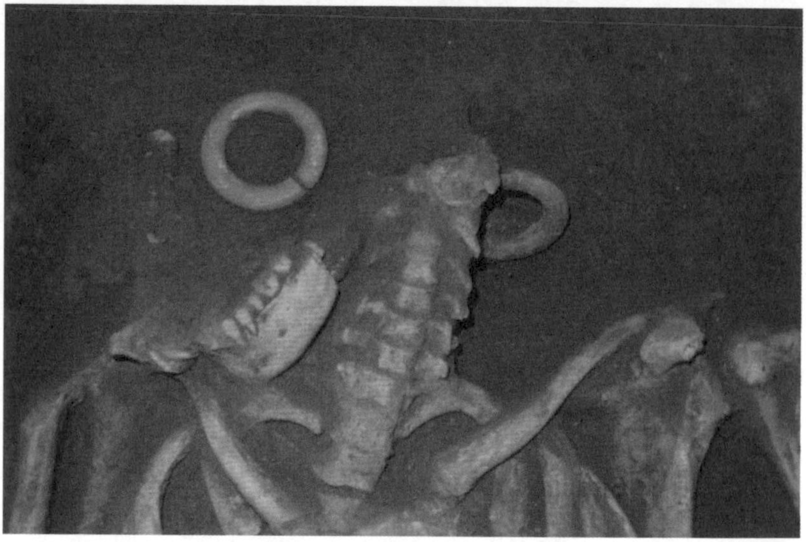

▲**圖 13-16**　距今八千兩百年內蒙古敖漢旗興隆窪聚落遺址出土的玉玦，因為出土於死者的頭部兩側，這種器物被認定為耳飾。

▲圖 **13-17**　簡單清理之後的青銅馬具，展現出靈異的美感。

▲圖 **13-18**　有圓、有方，組合成了馬鑣和馬銜，馭手拉連接馬鑣和馬銜的繩子，控制馬的前進方向。

▲圖 **13-19**　將視線聚焦一點，陪葬器物顯現出來的美足以讓人驚嘆，這樣的器物叫承弓器，是承托弓箭的。

▲圖 13-20　侯玉林手中拿的東西叫做承弓器。龍頭低垂，龍頸彎曲，脊背與腹部的紋飾似高聳的馬鬃，又像飄逸的花瓣，溝槽裡填描著紅色的朱砂，工藝雖繁雜，卻不失幹練的誇耀。弓頸、翹吻、張鼻、外凸的雙眼，憤懣、狂傲。

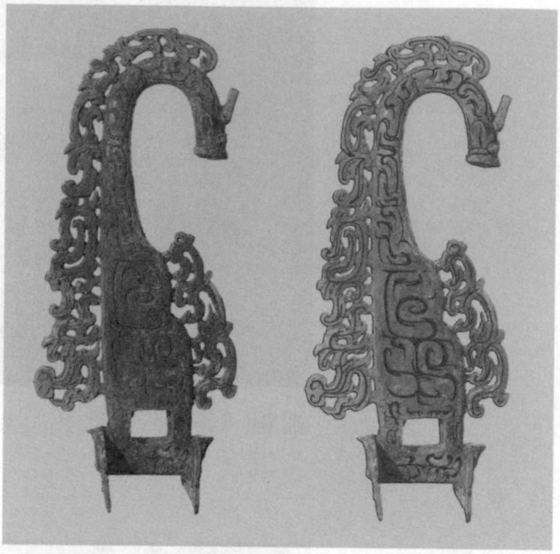

▲圖 13-21　黃金器身，赤紅紋飾。右圖為以電腦特效將承弓器做本色還原的結果。

▶圖 13-22　上圖是出土於陝西的秦代銅車馬，下圖則清楚的顯示了承弓器的用法。

與田野考古一樣，實驗室挖掘同樣是不可逆的，挖掘中絕不能出現任何差錯，右頁左上圖中的考古人叫侯玉林，河南安陽人，十五歲就在殷墟考古隊參與田野挖掘，幾十年的經驗積累，成就了老侯挖掘車馬坑的高超技藝。

即便如此，此番挖掘，對老侯來說仍充滿了挑戰，因為存在太多的不確定性。考古就是這樣，需要經驗，更需要因勢利導，根據不同實情，做出及時、合理的推斷，挖掘必須做到萬無一失。

考古挖掘就像做外科手術，容不得一絲失誤。一天下來，常是累得頭昏眼花，老侯有個緩壓的獨家祕訣——聽戲，但他不去戲院聽，就憑著一臺比撲克牌略大的播放機，內存十幾齣豫劇老段兒，百聽不厭，他說：「聽戲，解乏。」

接著來說說圖中老侯手裡的那件文物——承弓器。它是怎麼使用的？

即使身裹泥土，承弓器仍流露出極致的美，器身上的紋飾，繁複卻不失流暢，穩重但不缺飄逸。因為**長期掩埋，青銅已被氧化，表面被灰綠色的鏽斑包裹，這才有了後世的叫法：青銅**。實際上，**剛鑄造出來的銅器通身呈現出來的是金黃色，故而，古時稱青銅為「吉金」**。既然青銅器原本為金黃色，倘若以電腦特效手段將承弓器做本色還原，結果會是怎樣（見右頁右上圖）？

實驗室挖掘衢州大墓的陪葬器物，驚喜連連，不過，考古挖掘有個常理，往往是驚喜過後，攤在面前的是疑惑和茫然。為什麼會是這樣？原因在於古人「不按套路出牌」，如果按經驗之談、慣性思維對話古人常會語塞。考古的樂趣在於因勢利導、整合思路，而疑惑和茫然恰恰可以作為延續話題的線索。

新的一天，考古實驗室仍舊緊張卻有條不紊。開啟新的盛放陪葬器物的木箱時，考古人員有了新發現。考古的樂趣在於刺激，因為可能會有新發現。考古人為什麼一輩子可以樂此不疲，就在於不落俗套，總是充任第一發現人。例如出土的青銅戈，由夏至漢，戈一直是中國古戰場上的主戰兵器，衢州大墓的主人，身為頂尖權貴，為什麼要在身邊陪葬持在普通士兵手裡的兵器？細細察看，有了答案，戈身上竟然嵌著綠松石（見下圖）。

乍看，它與以往出土的、同時期的佩劍沒什麼特殊的地方，但清理掉劍身上的泥土以後，考古人員再次驚詫。

關於驚詫，這是考古的常態，沒有驚詫就沒有挖掘的精髓。當下，考古儼然熱門，在於考古人將

▲圖 13-23　青銅戈，仔細看，戈身上嵌有綠松石。

驚詫適時傳達給不能進入挖掘現場的大眾，而這份驚詫，無須裝修。實話實說，這份驚詫便成了熱搜。

考古的祕訣在於借助遺物對話古人、破解歷史謎團，根據實驗室挖掘的各類遺物的資料收集、器物間的連帶關係、青銅器的鑄造理念和礦化程度、玉器的製作工藝和玉料來源等，考古人員收穫頗豐。接下來，還有多少亟須破解的隱祕沒人說得清，因為新的發現不曾間斷。

當然並不是每個考古專案的挖掘都能大開眼界，比方說，考古人員曾經將出土於江西省新建縣大塘坪鄉海昏侯墓園的四號墓棺，整體打包，自江西拉到北京，拉進考古實驗室。既然一號大墓（劉賀的大墓）出土了兩萬多件精美、珍貴的陪葬器物，處在同一個墓園的四號墓陪葬應該也不少，然而，千里迢迢，自贛來京，挖掘的結果卻令人大失所望。

其實，這就是考古，期望總是相伴著失望，越是失望，期望便越迫切，而也正因期望的迫切，對話古人，才有魅力。

▲圖 13-24　將箭鏃做成渾圓狀，有考古人員推測，這樣做是為了獵捕山雞、狐狸等小型動物，只為擊傷，不為斃命，為的是皮毛的完整、完好。

▲圖 13-25　同為箭鏃，這枚顯現出來的是堅挺鋒利，雖經兩千多年的掩埋，仍舊透著攝人心魄的殺氣。

▲圖 13-26　戈內（音同納，指戈的部位），紋飾像葉脈。可以肯定的是這個戈不是實用兵器，僅是一支儀仗的擺設。

▲圖 13-27　青銅劍，春秋戰國時期，男性貴族的標準配飾。

▲**圖 13-28**　劍格，紋飾紛繁，做工細膩，四顆綠松石裝飾於劍格。

▲**圖 13-29**　劍柄底座，圓形的紋飾擁裹著綠松石。

▲**圖 13-30**　衢州土墩墓瑰寶探奇。

第十四章

呼圖壁岩畫

多層塗刻下的祕密

新疆昌吉州呼圖壁，一個人口不多、面積卻不小的縣，地處東西方文化交流的重要位置，這裡不缺故事。

二〇一七年夏天，四川省西昌市配合基礎建設的考古挖掘工作緊鑼密鼓的進行著，我抽空去了趟市博物館，為的是看看那裡的館藏文物。博物館館長唐亮是我多年的好朋友，他對我說：「博物館你隨便看。」跟這位老朋友我絕不客氣，「展廳？不看，我要看庫房！」唐館長故作無奈的搖了搖頭，把我帶到庫房邊的一間辦公室，不一會兒，唐館長拿來一個文物盒，對我說：「這裡的青銅器是在西昌市的鹽源縣剛挖掘出土的。」

打開文物盒一看，我驚呆了，藏身文物盒裡的青銅器竟然顯現著典型的斯基泰文化特質。我對身旁的唐館長說：「三千多年前，遠道而來的東西怎麼跑到四川來了？」唐館長說：「或許是斯基泰人來四川時，一併帶來這件青銅器。」我又問：「入了川，為什麼不在富庶

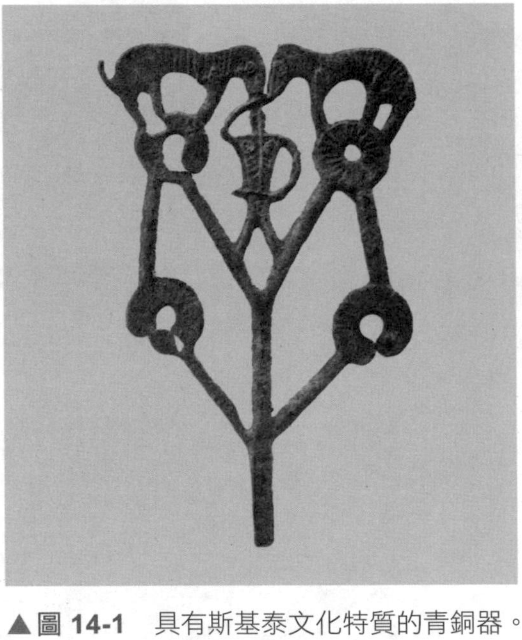

▲圖 14-1　具有斯基泰文化特質的青銅器。

的平原生活，而是駐足於相對貧瘠的西昌？」唐館長瞪大眼睛，搖了搖頭。

守著這件斯基泰文化遺物，在徵得唐館長的同意後，我撥通了考古所新疆工作站巫新華站長的電話。

聽了我的敘述，他的第一反應是不相信，笑著問我是不是又喝酒了，而後，大約過了十秒鐘，他的聲音變得急促起來，要我用手機拍幾張照片傳給他。再一次徵得唐館長的同意後，我拿出手機拍下青銅器的照片傳給巫新華。

五分鐘後，巫新華回電：「你先別離開西昌，我明天就趕過去。」第二天晚上，巫新華當真自庫爾勒趕到了西昌（自庫爾勒到西昌，要先搭飛機到烏魯木齊，然後自烏魯木齊飛到成都，再從成都飛到西昌）。

在新疆做了幾十年考古挖掘工作的巫新華剛下飛機，就直奔博物館。看著文物盒裡的青銅器，他說不出話來——斯基泰文化距今已有三千多年，三千多年前的斯基泰人怎麼跑到四川西昌？還有，文物盒裡的青銅器令巫新華想起了一處國寶級岩畫——新疆呼圖壁岩畫（見下頁圖14-2）。

對於新疆呼圖壁岩畫的研究，西北大學文物保護的科技人員探查了岩畫的相關細節，岩畫的面積超過三百平方公尺，時間跨度約四千年，最早的距今已有五千年，最晚的距今一千多年。

從岩畫上的人物形象看得出來，一些人物身上誇張的生殖器是後來加上去的。岩畫上有一些刻畫所表現的是最初的女性崇拜[1]，隨著時間的推移，後世崇拜者肆意改變原本的神，以致很多人物被添加上巨大的男性生殖器。除了岩壁最上面的幾個人物形象還保持著原有的模樣，其他大多數都變成了生育神。

據當地牧民說，在離這裡十幾公里遠的地方看到過岩畫。考古人員問牧民岩畫上的內容是啥，牧民說：「看不懂。」看

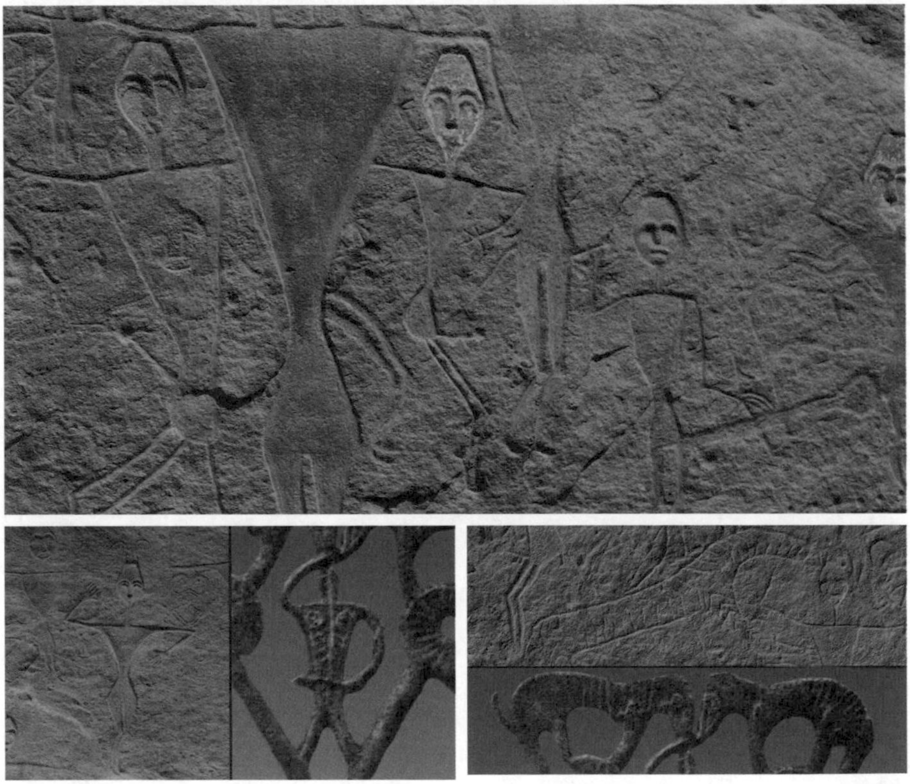

▲**圖 14-2**　近觀，300 平方公尺的大幅岩畫，奇異、怪誕。巫新華為之震驚的是這些女性畫像，與他在西昌看到的青銅器鑄造的人物形象如出一轍。

不懂才有看頭，五十多歲的巫新華對探查未知的興趣濃厚，他找到呼圖壁縣的縣委孟書記，兩人一拍即合，當即決定籌組科考隊進山，尋找岩畫。

當時已是十一月末，山中的道路都被積雪覆蓋，騎馬進山困難重重，但冬季的植被較為稀疏，便於尋找岩畫。從預想著進山到整裝待發，僅兩天，可謂雷厲風行。

冬季進山談何容易，在這裡有必要說一下科考隊將要探尋的狼塔古道。

此地有三條戶外探險路線，被國際上最會玩、最酷的驢友[2]們認定是證明戶外能耐的必選之路，走過這三條路線才會被徒步運動界承認，其中一條就是科考隊要走的呼圖壁境內的狼塔古道。二〇一六年夏天，來自香港的一位頂尖驢友進入了狼塔古道，但最終沒能走出來。科考隊這次進山，竟然在冬季，將會遇上怎樣的危險情況？按照巫新華的話說：「提心吊膽，不寒而慄。」

當時有專車護送科考隊進山，但車只能開到山口，科考隊下車，各自領取行李裝備和馬匹，開啟真正的征程。縣委孟書記隨隊，宣傳部部長、公安局局長、林業局局長連

1　曾有多位專家學者實地考察和研究討論呼圖壁岩畫後，發表學術共識：呼圖壁天山岩畫所展現的集體性、規模性的巫舞形態，是《山海經》等中國古文獻及各地考古發現的西王母（俗稱「王母娘娘」，或稱「瑤池金母」）人物造型的重要文化原型。

2　旅友的諧音，簡單的說「驢友」就是戶外運動的愛好者。

同人大常委會主任都整裝待發，另外，隊伍中還有一個四十來歲的員警，背著一支九五式自動步槍，我問孟書記帶槍幹麼？他說：「嚇唬野獸。」下午四點，科考隊出發。山裡的積雪差不多沒了半條馬腿，林子是幽暗的，風捉弄著松枝發出嚇人的怪叫（因為新疆地區與其他省市有兩個小時的時差，所以，四點出發還不算晚）。

孟書記的騎馬技術，跟當地哈薩克族牧民們的技術相比，不相上下，而且，他說得一口流利的哈薩克語。據說，孟書記是在哈薩克族村子裡長大的。不一會兒，「專業」的孟書記，和部分為科考隊保駕護航的哈薩克族牧民就不見了蹤影。剩下的，包括宣傳部部長、公安局局長，連同科考隊員都是不會騎馬，只能坐在馬背上的「業餘選手」。果不其然，走出去還不到半小時，在爬一個兩、三公尺高的斜坡時，宣傳部長騎的身材高大的馬癱倒了，突然倒下的馬將這位部長摔得不輕。緊接著，科考隊裡一位女隊員從馬的右邊掉了下去，她的左腳還勾著馬鐙。

但凡摔下馬，如果腳仍套在馬鐙裡，馬就會受驚，會帶著人猛跑。當時這位女隊員的馬已然受驚，甩開四蹄猛跑，千鈞一髮之際，科考隊裡的嚮導眼疾手快，雙腿一夾自己騎的馬的肚子，迅速躥上前去，俯下身拉住了受驚的馬的韁繩。因為是冬季，地下的積雪足有一尺厚，臉朝下被拖出去十多公尺的女隊員毫髮無損。再往前走，順著山脊的坡面，山下的溝壑深不見底，腳下的路不足兩個拳頭寬，大隊人馬放慢了速度。

一路上，翻山越嶺著實讓人心驚膽顫，過河就更「刺激」了。科考隊從哈薩克族牧

▲**圖 14-3**　科考隊員做出發前的準備。

▶**圖 14-4**　走著走著，呼圖壁縣裡的驢友老大突然連人帶馬滾下了路基，萬幸的是這位資深驢友滾下去7、8公尺竟然停了下來，要是再往前幾公尺，就會跌入深谷，人和馬都會摔得粉身碎骨。

▲**圖 14-5** 當地夜晚的星空。

▶**圖 14-6** 進到屋裡暖烘烘的，乾饢、羊肉、燒酒，吃飽喝足，睡覺。每個人僅有 30 公分寬的地方睡覺，很擁擠。

民那裡租來的馬都是經常走山路的熟馬，但河裡的冰有厚有薄，馬不知道從哪下腳，過河時，馬背上的人一手控制韁繩防止馬掉頭，一手揮馬鞭狠狠的抽馬屁股，嘴裡還得大聲呵斥著。呼圖壁縣的公安局局長走在我身前，過河時他的馬的前蹄一直在點地，能感受到馬兒在猶豫，牠猶豫了半天才找準了過河的路。

然而，一腳踩下去竟是人仰馬翻，局長掉進了冰冷刺骨的激流裡，當時的氣溫是零下十七度。我連忙跳下馬，跑到河邊，但見冰涼的河水已經淹到局長脖子，馬很無辜的站在局長身邊，河水僅淹到馬的下腹，我對著局長大叫：「趕緊站起來呀！」聽到我的叫喊聲，已經有些懵的局長直起身，果真，水才到他的腹部。爬上岸，局長顧不得天寒地凍、人多眼雜，迅速的換掉衣服。

晚上九點半左右，天色擦黑[3]，科考隊到達第一個宿營地——一處哈薩克族牧民在夏季牧場使用的地窩子[4]。縣裡的領導和科考隊員擠進地窩子，十來個嚮導在外面，窩在樹坑裡吃自備的乾饢。

地窩子中間有一個燒牛糞的爐子，科考隊員進屋時，爐火已經很旺，雖說房子四面

3　接近天黑之時。新疆處於中國的西部，夏季晚上十點才天黑；冬季晚上九點多天黑是常態。
4　地窩子，從地面向下挖一公尺左右，上面堆砌鵝卵石，再以茅草蓋頂，與古時半地穴的房子一樣。

透風，但畢竟不用感受室外零下十幾度的寒夜。

第二天一早，喝過熱騰騰的奶茶，啃過硬得能硌掉牙的乾饢，眾人鑽出地窩子。這一夜，地窩子裡腥臊惡臭，屋外的空氣極其清新。我深深的吸了一口帶著松香味的涼氣，突然一低頭，嚇了一大跳，地窩子門前的平臺不足一公尺寬，下面就是暗暗的、深不見底的溝壑，幸好昨晚沒人內急，不然跌落深淵，怎麼死的都不知道。

嚮導為每匹馬安上馬鞍，繫好肚帶，全體人員再次出發。據說，今天要翻越的冰大阪[5]海拔高度超過了五千公尺。

深山裡的積雪很厚，快到馬肚子，往上騎行每走一步都困難重重。隊伍出發兩小時後，整個雪山上就剩下我和比驢高不了多少的一匹老馬。既已到此，全沒了退路，好在天還大亮，我硬著頭皮使勁抽著馬屁股，要牠盡量走快點。不過，走到半山腰，我的心臟突然「咚咚」的狂跳起來。因為出發時，我問過書記為什麼要帶槍，他告訴我是為了嚇唬野獸。嚇唬野獸？大角羊、馬、鹿等食草動物不會招惹人，敢和人挑釁的動物都不是好對付的啊！我想起這事來，不由得越來越緊張，畢竟當下只有我和老馬。

歷經三小時的「磨難」，我和老馬終於爬到了山頂。所有人早已下馬歇腳，大家沒有注意到我的遲到。我剛下馬，腰腿還沒活動開，縣委孟書記一聲令下眾人重新上馬，下山。我再次硬著頭皮翻身上馬，走出去百十公尺卻又下來了——下山的路太陡了，足有五十度，而且滿是碎石，積雪也挺厚。

我牽著馬，橫著身子一步一顫的慢慢下山。縣委孟書記和嚮導們像是在享受速降的刺激，嘴裡發出「嗚嗚」的長調，急速衝下足有三百公尺高的陡坡。別人速度快，因為騎術好、有把握，我呢？根本稱不上騎術，膽子又小，還是踏踏實實的慢慢走吧，好在隊伍裡不光我一個徒步下山，還有七、八個和我一起小心翼翼下山的人。我的心，倒是比上山時踏實多了，沒再想起那些敢跟人挑釁的野獸。

下了陡坡，是一片兩千多公尺長的慢坡開闊地，或許是下山時太緊張，我的腿和腰痛得要命，我索性牽著馬慢慢走。沒走出去多遠，只見四、五個人圍著一匹癱倒在地的馬，我走上前，原來是縣委宣傳部部長的馬。馬側身躺在雪地上，雙眼圓睜，呼吸急促，渾身的肌肉不停的打顫。但見一位嚮導舉起胳膊，沒頭沒腦的狠命抽打躺在雪地上的馬，我問馬怎麼了？他說：「有可能是吃了雪被激[6]著了。」

昨天臨出發時，縣委孟書記告誡大家，絕對不能讓出汗的馬吃雪，吃了雪就有可能被激著。被激著的馬就幾乎報廢了。嚮導打了一陣子，看來沒什麼效果，便蹲下身從後腰處掏出一把中指長的小刀，要旁邊的人幫忙掰開馬嘴。嚮導將持刀的手伸進馬嘴，不

5 覆蓋在山上的厚冰層。
6 身體突然受到雨或冷水的刺激。

一會兒手和刀都退了出來，只見刀尖上挑著一顆鵪鶉蛋大小的血球。被掏出堵在喉嚨處的血球後，馬不再顫抖，慢慢的站起身，嚮導說：「這馬廢了，不能騎了，只能養到秋後宰來吃肉了。」宣傳部部長只能和別人同騎一匹馬，前面的人騎在馬鞍上，宣傳部部長只能騎在光禿禿的馬屁股上，緊緊摟著前面的人的腰。

又走出去個把小時，科考隊發現了一件「真傢伙」——一個石人（見圖 14-7）。為確保文物不被盜墓賊偷走，科考隊決定將它拖回駐地，但幾匹馬拖了半天，石人紋絲不動，沒辦法，科考隊只能將石人放倒，蓋上蒿草，來日開車再做提取。

天黑以後，我終於趕到了駐地，今天的駐地是一處林場的指揮部，住宿條件比昨天好多了。到了駐地，下了馬，腰腿就

▲圖 14-7　科考隊在路上發現的文物。

像不是我的似的，說不上是痛還是麻，雖然殿後，好在終歸回來了。

依照牧民提供的線索，科考隊要找的岩畫就在河對面的山上，但是河水太涼了，雖說犛牛可以渡河，但人和馬不行，科考隊只得放棄原本要過河查看岩畫的計畫。

翻過一篇來到新的一天，科考隊繼續趕路，好在這段路不再危險，人踏實，馬也踏實。出發後三小時，我們終於到了哈薩克族牧民看到岩畫的地方，沒想到，好端端的多出一條湍急的河流擋住了科考隊的探尋之路。哈薩克族嚮導說，前些時候他從這裡經過，是沒有河的，今天怎麼多了一條河？哈薩克族嚮導也說不清楚。探查岩畫，迫不得已就此終止，科考隊悻悻然踏上了返回縣城的路。

在回去的路上，有了新坐騎的宣傳部部長問我：「你知道遇難的那位驢友是怎麼死的嗎？」我問：「怎麼死的？」他說：「驢友按照事先探查過沒有河的路線行走，但激流天降，淹沒了驢友，他就這麼死的。」我再問：「屍首沒找到？」宣傳部部長說：「找不到了。」

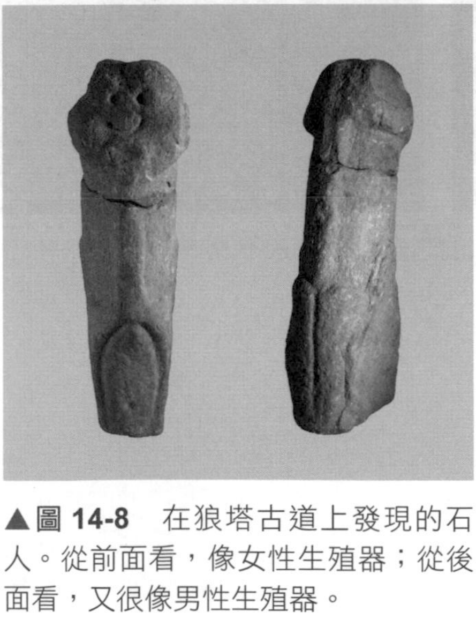

▲**圖 14-8**　在狼塔古道上發現的石人。從前面看，像女性生殖器；從後面看，又很像男性生殖器。

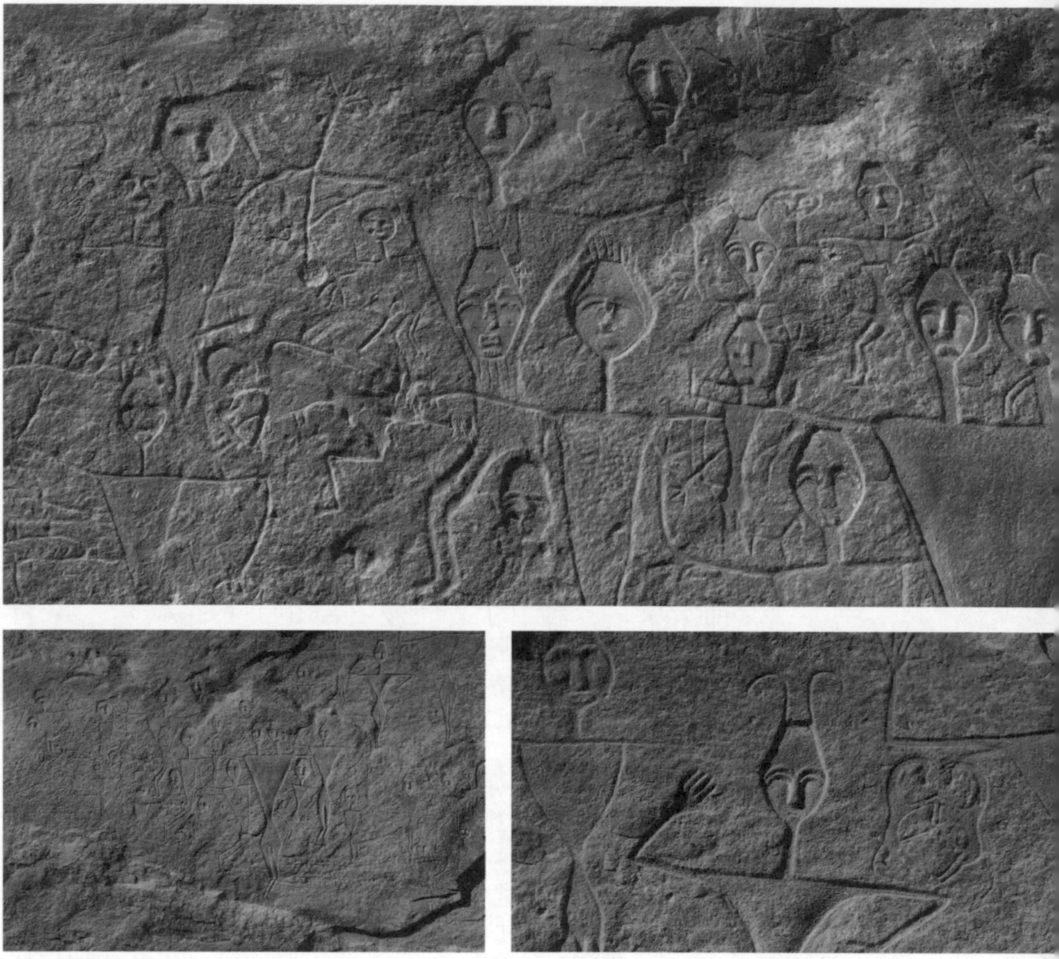

▲**圖 14-9**　石門子岩畫的神奇在於古人的想像力，今人不及。

▲**圖 14-10**　呼圖壁岩畫。

第十五章

田螺山遺址

和祖先聊天的好地方

考古的祕訣：借助遺物與古人聊天。推薦給你一個和祖先聊天的好地方——田螺山。田螺山遺址位於杭州灣南岸的寧紹地區東部，地處浙江谷地北側一個低丘環繞的小盆地中部，依託海拔僅五公尺的田螺山分布的地下古村落，遺址已探明的面積就有三萬平方公尺。田螺山遺址距今七千年了，屬河姆渡文化範疇。

那麼在田螺山，能看到什麼？能和田螺山古人聊些什麼？

對於非從事考古工作的人來說，想要跟田螺山古人聊天，就得先接受「入門輔導」。原國家博物館館長、著名考古學家俞偉超先生寫過一本《考古學是什麼》，書中有這麼一句話，對你或許能有些啟發：**「研究古代，是為了現代；考古學的目的，是為了今天。」**這段話讀起來很簡單，細細品味，卻極富哲理。

考古學家的工作在於當下，這麼說吧，任何人都離不開社會，為了更能融入社會，你就得了解社會。說得通俗一點，你得知道人以及世間萬物是從哪來的？當然，很多疑問可以從書本上得到解答，但是，當今人們能取得的文獻充其量不過三千多年（這是對中國而言，因為中國有文字記載的歷史是自商開始，距今只有三千多年），再往前的歷史該怎麼知曉？這一點，就涉及我剛說的，「在田螺山能看到什麼？和田螺山古人能聊些什麼？」的疑問，破解這個疑問唯有一個辦法，這就是挖開泥土，自地下尋找答案。田螺山遺址，鮮活的包容著古人的生活狀況，而其中，**水充任著成就田螺山遺址價值的關鍵媒介**。

在下頁圖15-1中用藤條纏在木柄上製成的骨耜[1]，在其他史前遺址裡難以見到，是水將這把骨耜保存了下來。耜的功能相當於今天的鏟子，七千年前的田螺山人幹農活，有了耜，效率是很高的。

這裡出土的鏃呈三稜形，被射中的野獸，傷口處會留下一個三角形的洞，這樣，殺傷力被最大限度的強化了。而在距離田螺山遺址數千公里之外，與田螺山遺址差不多同時期的呼倫貝爾哈克遺址出土的石鏃（見第三〇六頁圖15-4），箭頭是扁平的，但鏃身被開出了稜狀溝槽，這樣的箭鏃也可以造成野獸的嚴重失血，而且如同魚鉤般的倒刺，使射到野獸身上的箭鏃不易脫落。

在第三〇七頁圖15-6中，出土器物的圖形是鳥與太陽的結合，這是早期文明的顯著特點。圖中雙鳥馱著太陽，意為金烏馱日。《山海經．大荒東經》中記載：「湯谷上有扶木，一日方至，一日方出，皆載於烏。」相傳，湯谷是太陽升起的地方，那裡有一棵叫扶桑的大樹，太陽每次洗完澡都會爬上扶桑樹，這時，烏鴉就會飛過來馱起太陽飛向天空，為人類造福。

1 音同寺，掘土用的農具。

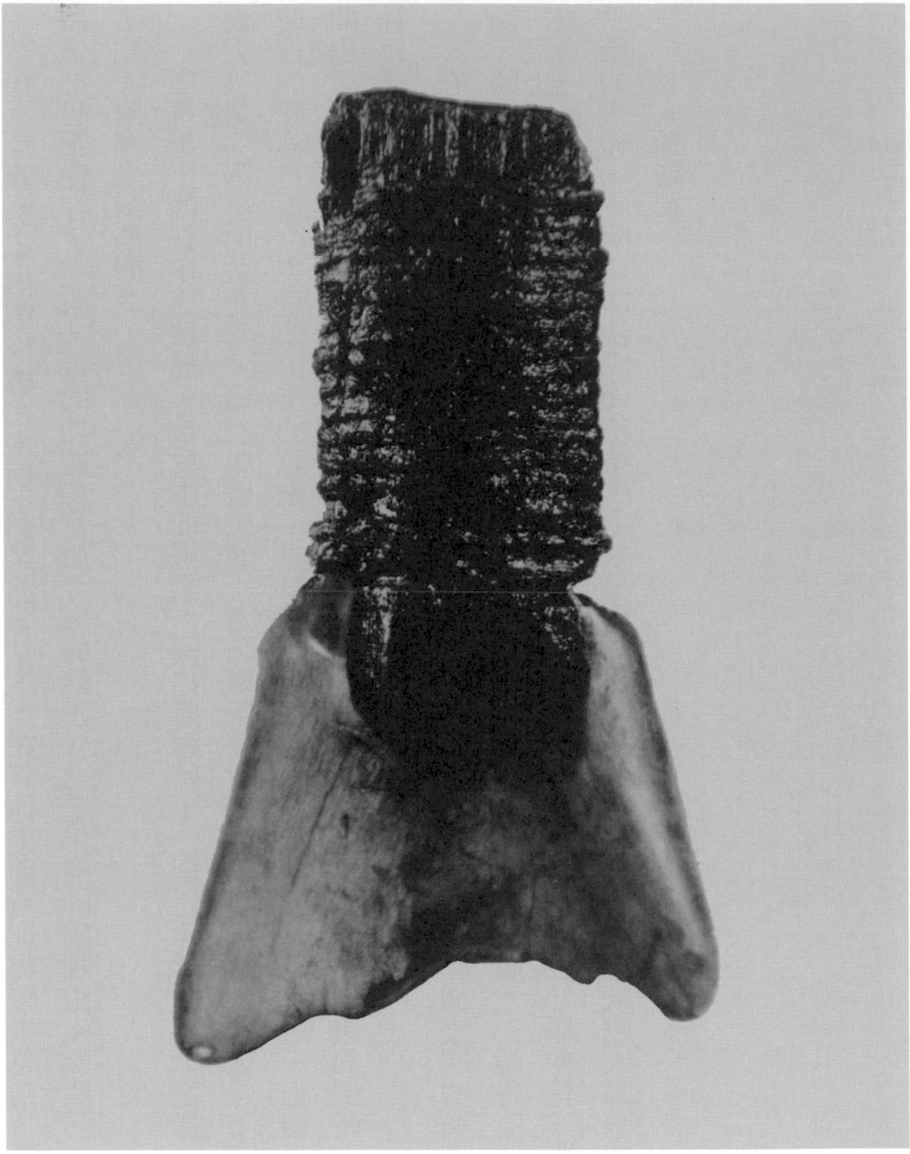

▲圖 15-1　藤條綁木柄骨耜。

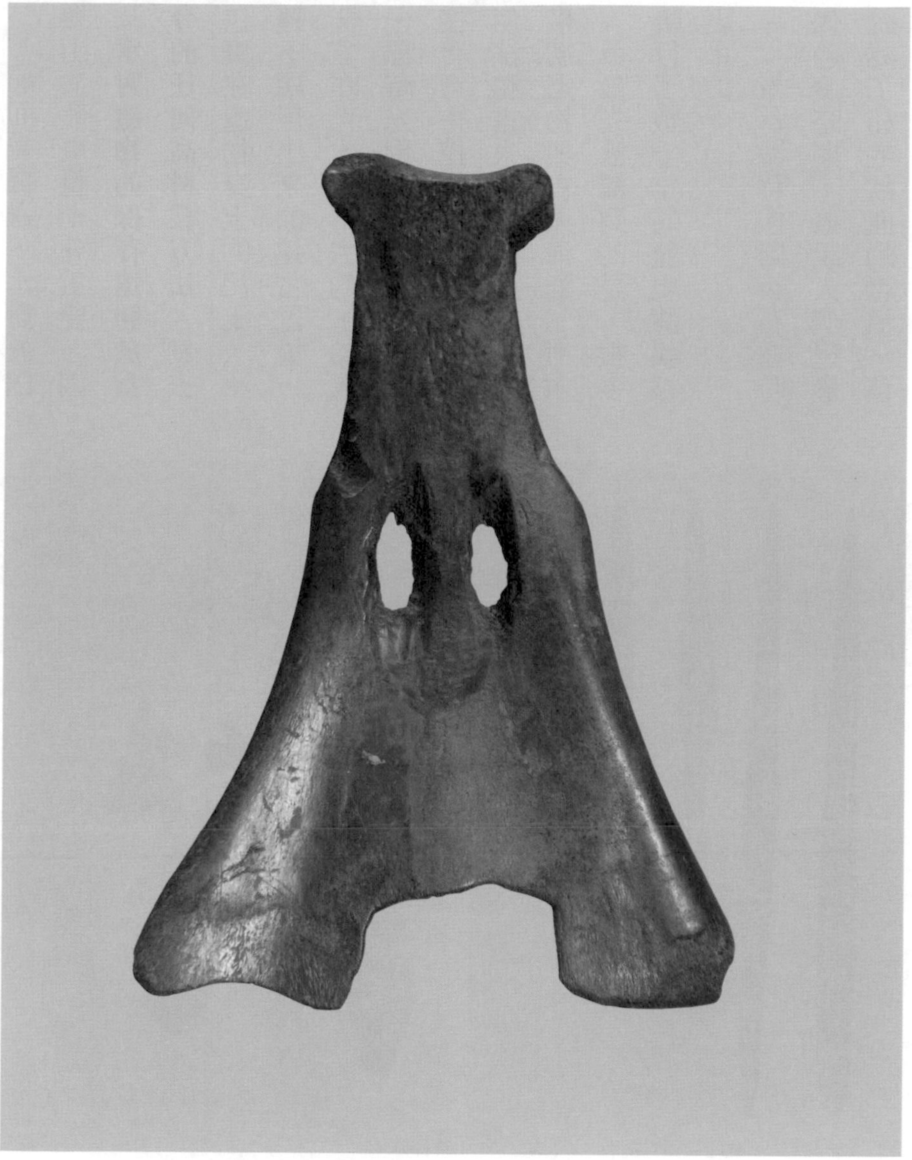

▲圖 **15-2**　出土於同一遺址的骨耜。

前面曾提過，水對於田螺山遺址來說十分重要，因為**水對遺物的保存遠勝於當今的任何高科技方法**。剝去包裹在遺物身上的泥土，小鏟下顯現出來的遠古記憶，恍若昨天才埋下去的，給人一種時光倒流的感覺。如果沒有考古挖掘，現代人根本無法和古人「聊起天」來。借助遺物與古人溝通，考古人員最先感觸到的是，很多暢行了數千年的歷史謬誤被更正了。

舊石器時代向新石器時代過渡時期，雖說人們已經脫離了茹毛飲血的習慣，但

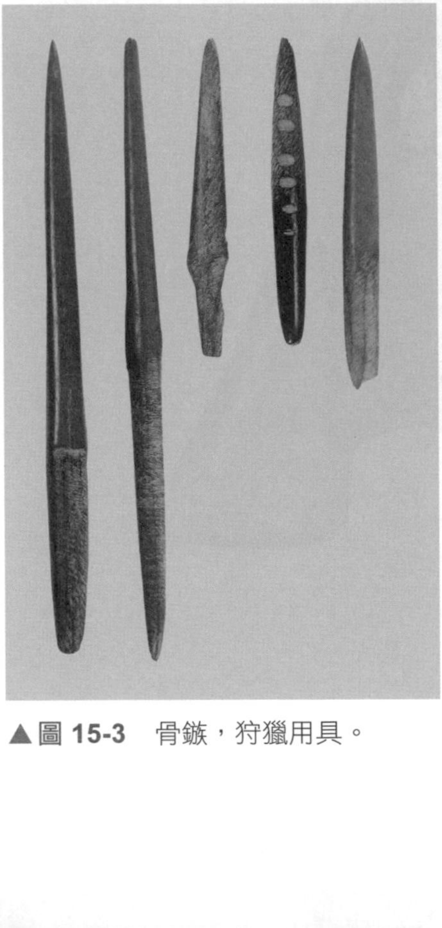

▲圖 **15-3**　骨鏃，狩獵用具。

▲圖 **15-4**　呼倫貝爾哈克遺址的石鏃。

◀圖 15-5　象牙鳥形匕，整體呈長舌狀，尾端雕著一個鳥頭，並刻有組合圖案。這個鳥形匕給人一種神祕、詭異的感覺，它不是實用器具，應該和通神有關。

▲圖 15-6　雙鳥朝陽紋象牙蝶形器，正面陰刻著寓意豐富的雙鳥拱衛太陽圖案，這是一件極具藝術性和思想性的遠古遺物。

▶圖 15-7　太陽神鳥金箔，出土於成都的金沙遺址。

尚無文字，因此沒辦法記述歷史。跨時空的傳述往昔，除了神話傳說留給後人一些虛無縹緲的印象之外，一切都在不經意間消失得無影無蹤了。後來，文字誕生了，情況有了變化。

西元前二十一世紀，中原歷經數千年的文化積澱，彰顯出了超凡的實力，各路英豪競相逐鹿，相繼，夏立國建朝，及至後世，刀光劍影、血雨腥風，一次次更迭了前朝的大王旗。商、周，一代代王忙著征戰、祭祀和享樂，無暇顧及遙遠的江南，因此，史官們金貴的筆觸很少涉及江南的事情，即便偶有提及，要麼武斷的將江南貶為蠻荒之地，要麼惜墨如金施之簡略，於是，後人自《史記》和《漢書》這樣的正史中感受到的江南已然

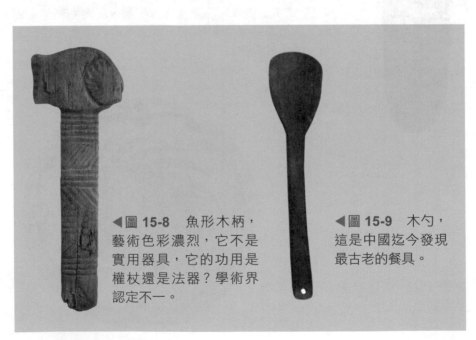

◀圖 15-8　魚形木柄，藝術色彩濃烈，它不是實用器具，它的功用是權杖還是法器？學術界認定不一。

◀圖 15-9　木勺，這是中國迄今發現最古老的餐具。

▲**圖 15-10**　距今三千多年的商代甲骨文。商人將問卜的事記在龜骨或者牛、鹿的肩胛骨上，由此，後人有了品讀古人生活狀態的可能。

是孤寂、慘澹和荒蕪：「楚越之地，地廣人稀，飯稻羹魚，或火耕而水耨……是故江淮以南，無凍餓之人，亦無千金之家。」、「越，方外之地，劗發文身之民也……南方暑溼，近夏癉熱，暴露水居，蝮蛇蠚生。」就這樣，於不知不覺中，有些人對江南的成見流傳了數千年。

到了唐代，情況有了改觀，白居易曾感慨：「江南好，風景舊曾諳……能不憶江南。」詩句美妙，為江南正名。宋代詞人柳永在《望海潮》中描寫：「東南形勝，三吳都會，錢塘自古繁華。」詞中的「古」恰是對歷史的真相道出了一種難能可貴的直覺。不過，即便白居易、柳永將江南認作「自古繁華」，人們對江南的真知卻是隨著三十年前河姆渡文化遺址的考古發現慢慢矯正、豐富過來的，而田螺山遺址的面世，進一步強化了人們對遠古江南並非荒蠻的認知。

遺址中出土了數以千計的原始生產工具、生活用具和古人的生活遺跡，由此，考古人員醒悟：江南曾經有過輝煌。數千年前，我們的祖先選擇了氣候溼熱、景觀多樣、萬物興旺的江南作為棲息地，並且，在中華文明的初始階段，鐫刻出了一段極其重要的歷史篇章。六千至七千年前，沐浴著全新世（始於約一萬年以前，延續到現在，在新生代第四紀中，屬於年代最晚的部分，為地球歷史上最近的年）的旭日的田螺山人不再居無定所了。

田螺山遺址的發現，使那些慣於說教「黃河流域是中華文明的發祥地」的人有了頓

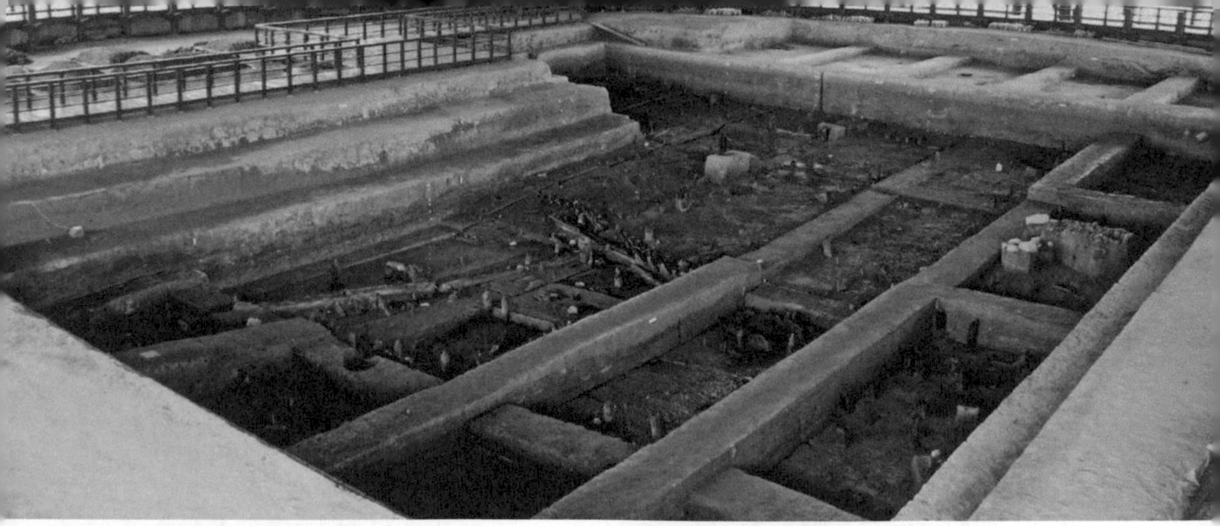

▲**圖 15-11**　2007 年挖掘的村落遺址。這是從西南方向向東北方向拍攝的。東邊是居住區，中間近南北向是柵欄式木構寨牆，西邊是水上獨木橋式木構通道。

▲**圖 15-12**　搭建房子用的帶卯孔榫木板。

悟。彼時，長江下游已然有了不輸中原的、成熟的新石器時代文化。深藏於這的史前文明完全可以媲美黃河流域的仰紹文化、半坡文化。田螺山遺址的面世，給了當今人們翔實了解遠古江南的機會，那麼，田螺山遺址是怎麼被發現的？

二〇〇一年歲末，餘姚市東，有一個小得不能再小的小山——田螺山，建在這個小山上的工廠因為需要水，決定挖一口井。挖下去沒多深，工人們驚詫了，泥水裡出現了不少骨頭、木頭和陶片。廠長董國明隨即將水井裡發現這些東西的情況，向不遠的河姆渡博物館的工作人員做了彙報，就這樣，一個重大考古發現震驚了學術界，學術界將這處新發現的遺址命名為「田螺山遺址」。

田螺山遺址，位於北緯三十度，東經一百二十度，距餘姚市區二十四公里。西南距河姆渡遺址七公里，周圍兩百公尺內少有當代村落，遺址所處可謂鬧中取靜。遺址四面環山，處在小盆地中部，自身環繞著海拔僅五公尺的田螺山，南北伸展兩百二十公尺，東西約一百六十公尺，總面積三萬平方公尺。滄海桑田，不可思議的是，時間像是充斥著神奇力量，將萬物都變得面目全非，田螺山的地上部分，即便是最有經驗的考古人員也難斷端倪。因為打井，隱匿了數千年的田螺山遺址露出了真容；經過挖掘，田螺山遺址出土的諸多遺物，如同躲開時間的磨礪，鮮亮得就像剛剛埋下去一般。田螺山遺址是一本書，一頁頁的翻，考古人員有了與古人充分交流的機會。

考古發現，田螺山出土的林林總總遺物清楚的顯示，田螺山古人利用和開發自然資源，並創造出物質和精神財富的能力、規模、速度已經達到一定水準。自遺物中獲得的文化訊息，令考古人員有機會目睹數千年前田螺山人巨大的創造力，並因為極好的埋藏條件，而令數千年後的今人看到田螺山人製作並使用的生產、生活用具。迄今，考古人員在田螺山遺址共挖掘出土了三千多件遺物，為全面復原田螺山古人的生產、生活狀態取得了可靠、翔實的依據。

◀圖 15-13　木欄式木結構建築遺跡，木柱成排埋入，木柱上架著房子。右上圖是拍攝於菲律賓的現代干欄式民居。數千年前，田螺山人就已經居於這樣的房子裡了。

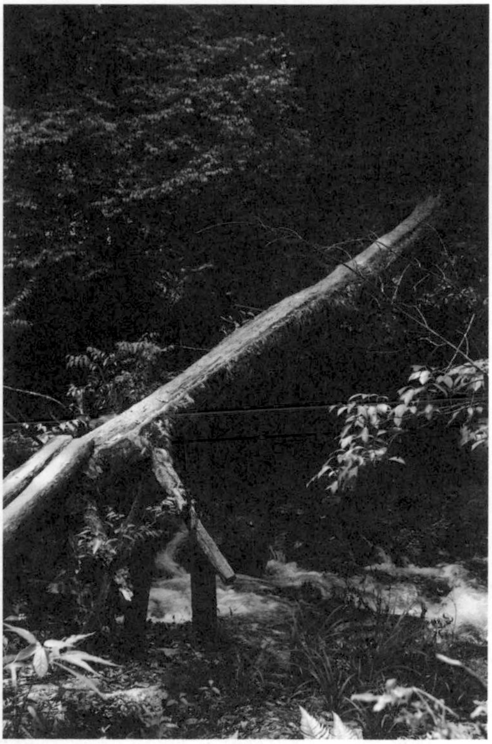

▲圖 15-14　鳥瞰的木結構寨牆與獨木橋。右圖是現代的獨木橋。

▲**圖 15-15**　幾層木結構遺跡的疊壓。考古人員推測，這是一艘獨木舟。右圖是現代的獨木舟，數千年前的田螺山人曾駕著獨木舟泛舟於河湖之上。

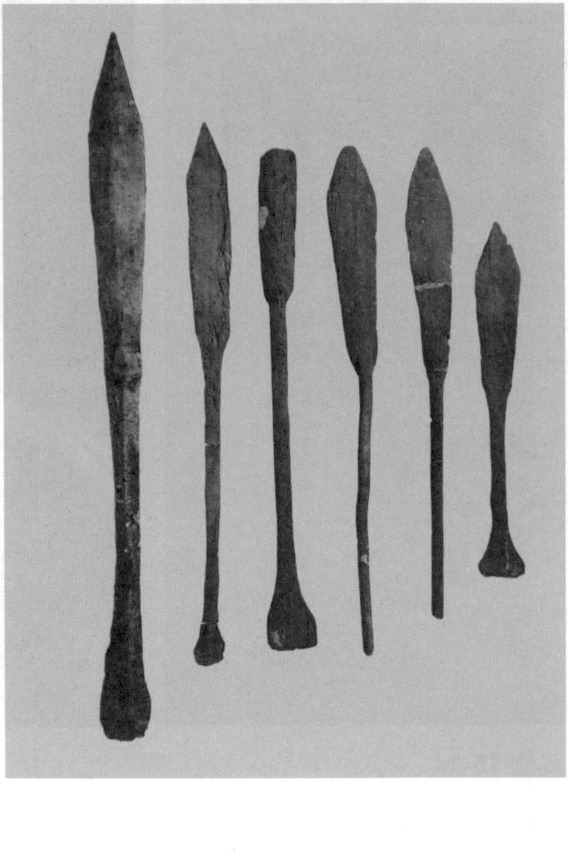

▶**圖 15-16**　船槳。集中出土於臨水的寨牆旁邊，表示乘船外出是田螺山古人主要的出行方式。

◀圖 15-17　敞口多角腰沿陶釜。這是田螺山古人煮飯用的鍋，飯熟了以後，雙手把住腰沿，不會被燙。

▶圖 15-18　陶支架，這是專門用作支撐陶釜的。支架上的紋飾似水花又像流雲，對藝術的追求，數千年前的人們就已經很執著了。

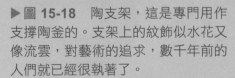

▲**圖 15-19**　豬紋方形陶缽，它的造型是圓角方體，腹部兩側刻畫著豬的圖案。豬在遠古先民的生活中扮演著極為重要的角色。

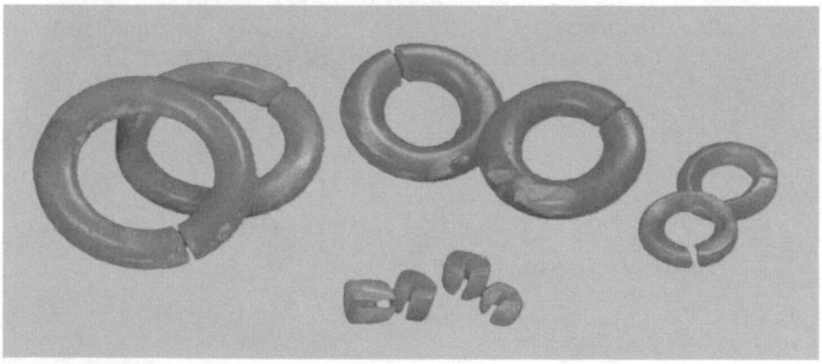

▲**圖 15-20**　玉玦，玉質的耳環。右圖是出土於內蒙古敖漢旗興隆窪遺址的玉玦。兩相比較，似有相通之處，有學者認為，田螺山出土的玉玦是對興隆窪玉玦的繼承。

▲**圖 15-21**　紅衣陶。體積大，製作精細，紋飾繁縟，堆紋上加壓蚶殼印紋。考古人員推測，這尊陶器有可能是甕棺，也就是盛放死人遺骨的罐子。

▲**圖 15-22** 刻紋陶盉。製作獨特，頂部猶如龜背，器身紋飾精細，圖案精美，表述生動。

▲**圖 15-23**　刻紋骨笄[2]。動物骨精心雕製，用於固定頭髮的簪子，正面上部刻著平行線紋和蠶形紋飾。

2 音同基。

人類歷史，有據可查的上限為六百萬年。最近的一萬年，地球又一次步入了溫暖的週期。隨之，降水增加，海平面上升，動植物變得空前興盛，這一地質階段被學術界稱作全新世。天賜良機，人類在生命世界裡逐漸充任起了主角。對於數千年前的自然環境，當今的人們雖說難以探窺全貌，但只要根據出土的動植物遺骸，還是可以在一定程度上了解到，當時的生態環境和人類活動印記。透過對田螺山遺址挖掘出土的動植物遺

▲圖 15-24　黑漆木筒。由整塊木頭掏挖而成，器身表面分 3 段，兩端細刻多圈平行線紋，整體塗刷光亮的黑漆。筒內有 1 片木塞，這是中國史前文化中，迄今發現年代最早的一件漆木器，距今已七千年，功用上可能是一件打擊樂器。

骸的探究，考古人員得知了六千至七千年前，在田螺山周邊的山地、溼地上生存著諸如大象、犀牛、老虎、紅面猴等野獸，以及當今在嶺南兩廣地區才能看到的植物，學者們得出了這樣的結論：六千至七千年前，杭州灣的自然條件類似於今天的兩廣地區。

動植物在自然環境裡最具活力，但又是十分脆弱敏感，而且與人類的生活息息相關。田螺山遺址出土的動植物大都是適應於原丘溼地的種類，作為當時人們食物的來源，也是田螺山古人生存的物質保障，當時的動植物已不僅僅是自然物，更是遠古文化的組成部分。在這章的最後，就來看看田螺山出土的、一些具有代表性的動植物圖片（見下頁圖）。

對人類而言，艱辛但不失情趣的成長過程留下的「老照片」——文化遺物，能讓當今的人們領略到神祕、神奇的往事。實際上，真正科學的尋找隱匿在地下的老照片，也就是考古學的開創，僅始於一百多年前，因為考古是一門新學科，又因為考古針對的是老學問，致使考古令人著迷。距今六千至七千年的田螺山，恰是一部翔實的相簿。感受、感知那段早已逝去，卻又歷歷在目的記憶，考古人員看到了祖先曾經的童顏。

二〇〇一年底，田螺山遺址面世。二〇〇四年二月，對田螺山的考古挖掘拉開了序幕。及至當下，歷時數年，考古挖掘才僅僅翻開了田螺山「相簿」的前幾頁，對這處遺址的挖掘與探究，以及與田螺山古人的「聊天」，要做的事還多著呢。

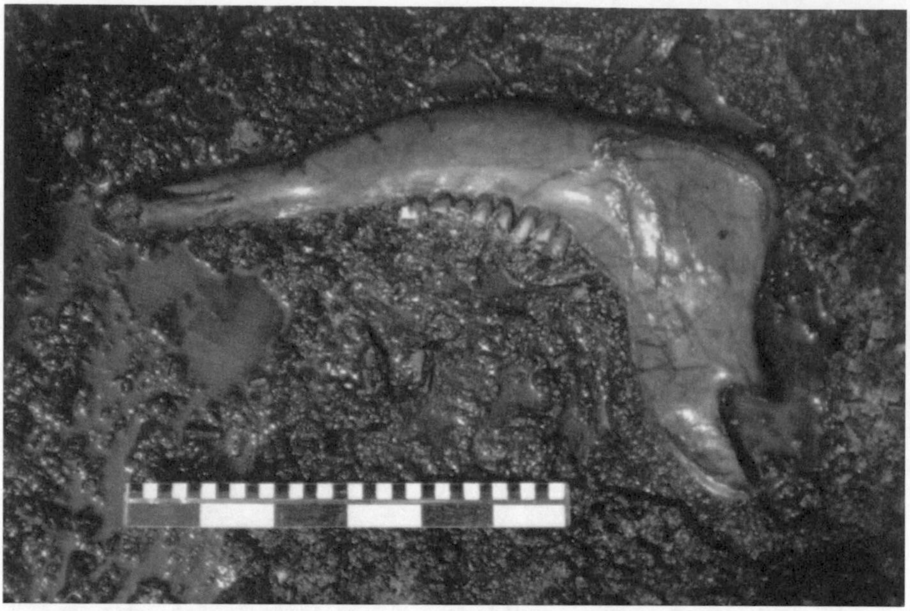

▲圖 **15-25**　水牛頭骨。田螺山古人還未學會馴化水牛，野生的水牛是田螺山古人重要的食物來源。

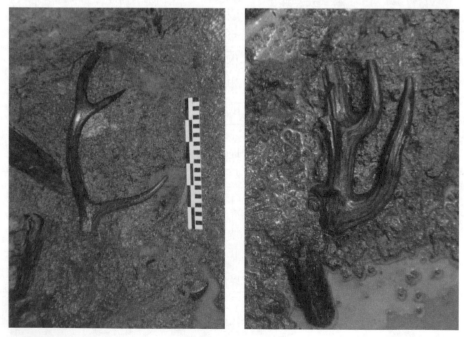

▲圖 **15-26**　鹿角。史前，在很長一段時間裡，鹿是人們餐食的常客。

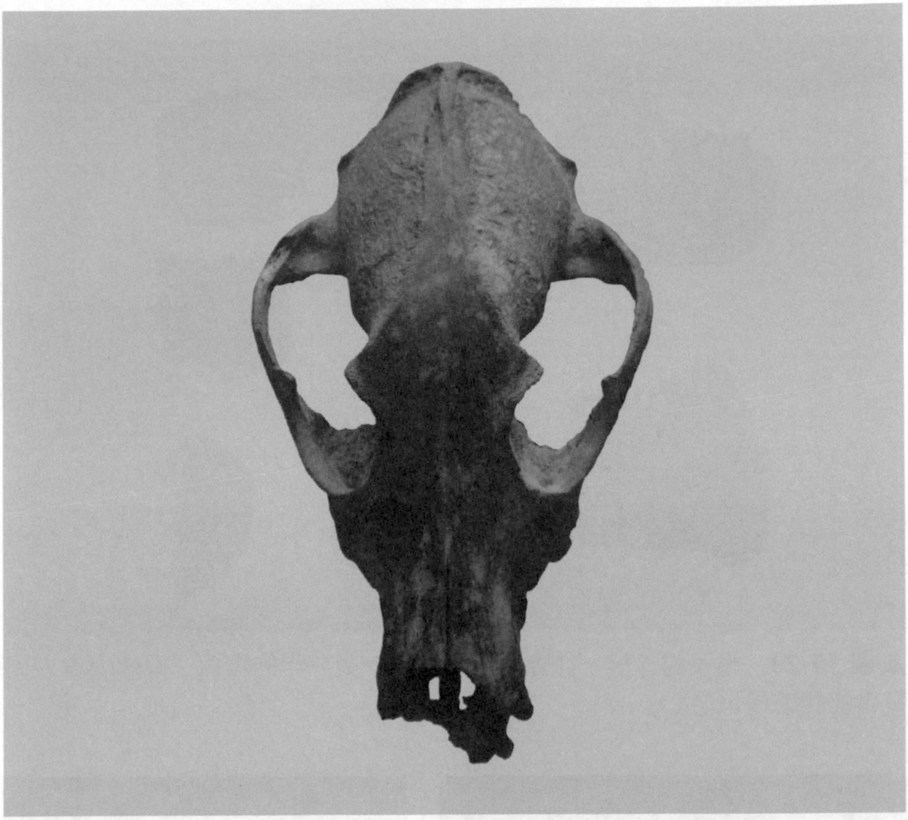

▲圖 **15-27**　狗頭骨。與現今的狗相比，田螺山遺址出土的狗遺骸有明顯的野生氣質。

◀圖 **15-28**　魚刺。傍海臨河，沼澤遍布，魚是田螺山古人常吃的食物之一。

▲圖 **15-29**　揚子鱷骨板。從骨板看，這是一隻成年的鱷魚。田螺山古人處在食物鏈的最頂端。

▲圖 **15-30**　龜甲殼出土時的情景。以龜為食，古已有之。

▲**圖 15-31**　鯨魚肋骨和經過加工的鯊魚牙齒（左上圖）。田螺山古人搏海擊浪，他們是怎麼在大海裡捕捉到體型巨大的鯨鯊？難以想像。

▲**圖 15-32**　淘洗過的碳化稻米。經過觀察分析，這些稻米是人工種植的。證實了當時的田螺山人已經學會水稻的種植。

▲圖 15-33　菱角。從文化層土壤淘洗物中，挑選出數量龐大的菱角碎殼和一些完整的菱角，反映出採集經濟在先民生活中的重要性。

◀圖 15-34　貯藏坑中的橡子出土時的情景。橡子色澤鮮豔，如同剛埋進泥裡一般。

▲圖 **15-35**　葫蘆出土時的情景。

▲圖 **15-36**　走進河姆渡文化田螺山遺址，探尋史前遺跡。

後記

說來也巧，出版社的張老師約我寫《與古人對話》的前言和後記時，我正在考古工地。這一次，我還是在考古工地。不過，上次我是在甘肅省武威市的天祝縣，這次是在新疆維吾爾自治區伊犁哈薩克自治州的新源縣。上次親歷的是吐谷渾貴族大墓的奢華，此一番感受到的是安德羅諾沃文化[1]的神奇特異。

我在電話裡跟張老師開玩笑說：「你要是十天前打電話給我，我還在江西樟樹呢；十天後打電話給我，我會在河北的行唐。」張老師問：「東南西北的這麼奔波，你不累嗎？」我說：「只要是下工地，就跟打了興奮劑似的。待在京城，只要超過一週，我便受不了，人多車多亂哄哄，遠不如考古工地清新自然、地廣人稀來得舒暢。」

1 西伯利亞及中亞地區的青銅時代文化。繁盛於西元前二二〇〇年至西元前一四〇〇年。因發現於俄羅斯阿欽斯克附近安德羅諾沃村的墓地而命名。

總往工地跑，常會被朋友問起挖掘情況。一次，一個朋友問我：「這次去工地收穫大嗎？」我回答：「當然。」朋友又問：「出土的寶貝多？」我說：「難以計數。」朋友繼續問：「什麼寶貝？」我說：「陶片。」朋友不解：「這算什麼寶貝？」我說：「有些時候，一塊陶片的價值有可能與秦兵馬俑相等同。」朋友更不解：「每尊兵馬俑都是價值連城，你說的陶片難道也是無價之寶？」對於朋友的茫然，我解釋道：「這次下工地，是一處史前遺址，在業已挖掘的三百平方公尺範圍內，陶片的堆積厚度超過了一公尺，我說的價值超高的陶片是幾塊碗底，這些碗底上有詭異的刻畫，刻畫為探究漢字起源、了解古代天文學、宗教學和早期建築的修建理念提供了實證。」

我這位朋友的疑問很有普遍性，考古圈子之外的人對考古挖掘的認知和關注焦點，基本集中在「挖到了什麼寶貝」、「這些寶貝值多少錢」上，將考古的意義等同商業價值，這是對考古的誤解。造成這一誤解的根源，恰在考古本身。現代意義上的考古在中國已近百年，數代考古人不畏辛勞，為修正國史做出了巨大貢獻，但有一條是不可否認的，多數考古人忘記了，或者說打從心底排斥對大眾普及考古，以至於某些盜墓類的文字作品，胡編亂造、歪曲歷史，充斥於市、攪亂視聽。

更有甚者，一些收藏類節目亦是帶歪了受眾，請來的所謂專家，上至史前、下到民國的所有文物，都能被娓娓道出市場售價，包括明令禁止流通的文物竟然也被標上價錢。此類節目助推了民間的收藏熱潮，卻也為販賣仿製品者出具了可借鑑的範本。

我這麼說是有根據的：其一，**考古界（文博界）任何人的研究領域都不可能跨越古今、橫貫東西**，而收藏類節目的一些專家，古今中外無所不通，金銀玉帛、字畫印章無所不曉，倘若專家們當真有此等學識，絕對稱得上是奇人了；其二，節目中涉及的許多文物的真實性令人生疑，這一點明眼人都看得出來。

關於考古知識的普及，近些年已大有好轉，權威部門強力推出了「公共考古學」，普通受眾有了知曉考古知識的良機。不過，眼下考古的普及仍止步於受眾看熱鬧的階段，遠未達到全民參與的境界。我說的「全民參與」，並非人人一把手鏟湧進工地參加挖掘，這既不科學也不現實。該怎麼解釋這個「全民參與」？

這麼說吧，為什麼足球會有那麼多的鐵粉？一個重要的原因在於球迷懂球，球場上的運動員來回奔跑，看臺上的球迷亦是在「奔跑」，在推測、判斷、調度等方面，當運動員與球迷的預期相悖時，球迷就會議論紛紛。那麼，為什麼不能讓受眾也懂得考古？恰如球迷那樣，與運動員即考古人做互動式的「奔跑」？受眾懂考古，參與就由單純的看熱鬧提升為主動的評議。要想達到這一步，前提是所有考古人都得放下架子，說普通受眾聽得懂的話。